W0059771

BASTEI
LÜBBE
TASCHENBUCH

Weitere Titel der Autoren:

Stefan Bonner · Anne Weiss

HEILIGE SCHEISSE

Wären wir ohne Religion
wirklich besser dran?

Mit Illustrationen von
Harald Oehlerking

BASTEI
LÜBBE
TASCHENBUCH

BASTEI LÜBBE TASCHENBUCH
Band 60187

1. Auflage: September 2011

Das vorliegende Buch beruht auf Tatsachen.
Zum Schutz der Persönlichkeitsrechte wurden Namen und Details verändert.

Bastei Lübbe Taschenbuch in der Bastei Lübbe GmbH & Co. KG

Originalausgabe

Copyright © 2011 by Bastei Lübbe GmbH & Co. KG, Köln
Lektorat: Anne Stadler
Textredaktion: Dr. Katharina Theml
Illustrationen im Innenteil: Harald Oehlerking
Titelillustration: © Max Meinzold/HildenDesign
Umschlaggestaltung: HildenDesign, München
Gestaltung und Satz: Guido Klütsch, Köln
Gesetzt aus der FF Scala
Druck und Verarbeitung: GGP Media GmbH, Pößneck
Printed in Germany
ISBN 978-3-404-60187-5

Sie finden uns im Internet unter
www.luebbe.de
Bitte beachten Sie auch: www.lesejury.de

Der Preis dieses Bandes versteht sich einschließlich
der gesetzlichen Mehrwertsteuer.

INHALT

öln, 2005. Die Domstadt feiert den Weltjugendtag, und die gesamte Republik ist im kollektiven Weihrausch. Kurz zuvor hat die *Bild* »Wir sind Papst« verkündet und damit im Handstreich das ganze Land katholisiert. Seit Wochen hängt gegenüber dem Kölner Dom ein Plakat, das den katholischen Oberhäuptling ankündigt. Nun ist er endlich da. »Ein Besuch der Superlative: Gigantischer als ein Pop-Konzert, gesichert wie ein Staatsbesuch«, jubelt der WDR. Ratze rockt Köln, und überall feiern sangesfreudige junge Menschen und Benedetto-Gröler den Popestar.

Glaube scheint plötzlich wieder die abgefahrenste Sache jenseits von Eden zu sein, denn überall sprechen Experten und Kommentatoren von der »Rückkehr des Religiösen«. 1,1 Millionen Menschen drängen zur Abschlussmesse aufs Marienfeld, und es kommt auf Straßen und in öffentlichen Verkehrsmitteln zu Pilgerverstopfungen. Das Rheinland und besonders die Kirche sind überwältigt: Es sieht ganz so aus, als ob sich die christlichen Glaubensvereine in der kommenden Zeit auf viele neue Clubmitglieder freuen dürfen.

Wir wundern uns ein wenig über so viel Frömmigkeit bei unseren Altersgenossen. Das sind wir nicht gewohnt. Immerhin jubeln hier junge Leute, die sich in diesem Jahr ansonsten auch für den Homowestern *Brokeback Mountain* begeistern, eine Frau zur Kanzlerin wählen und bei

Youporn ihre Höhepunkte ins Internet stellen, einem zweitausend Jahre alten Männerclub zu, der Schwulsein für eine Krankheit hält, niemals eine Frau ans Ruder der Arche lassen würde und Kondome nicht einmal als Wasserbomben benutzt.

Bei genauerem Hinsehen entdecken wir, dass der heilige Schein trügt. Nicht alle Feierlustigen sind in christlicher Mission unterwegs. Ein Kamerateam von TV Total offenbart bei einer Umfrage in der Kölner Innenstadt Unglaubliches – oder eher Ungläubiges:

»Warum bist du beim Weltjugendtag?«, fragt der Reporter.

Der Junge mit verspiegelter Sonnenbrille und weißer Basecap tritt von einem Bein aufs andere. »Party«, nuschelt er.

»Nur Party?«

Ein angedeutetes Grinsen huscht über sein Gesicht. »Weiber.«

»Ach, und sonst?«

»Ganz viele Weiber.«

»Und was ist mit Gott?«

»Gott ist korrekt. Aber der Papst«, er schüttelt den Kopf und zieht dann eine Schnute, »... ach, scheiß drauf.«

Geht es beim Weltjugendtag tatsächlich um Frömmigkeit, oder nur um Fromms? Wir mischen uns unter die Gläubigen und treffen einige Jugendliche, die freiwillig Kondome unter den Pilgern verteilen. Ein Akt der Barmherzigkeit, der zwar nicht mit den Geboten des Papstes zu vereinbaren ist, aber dessen Ansichten scheinen für die meisten hier ohnehin nicht maßgeblich zu sein. Auch die achtzehnjährige Sara aus Rom freut sich im Lokalfernsehen über das große Schlaflager in der Sporthalle: »Da dürfen Jungen und Mädchen gemischt schlafen!« Das nächtliche Treiben auf den Pilger-lumas hat offenbar viel mit Nächstenliebe, aber nichts mit katholischem Lifestyle zu tun. Wer denkt hier in diesen Tagen bei dem freudigen Ausruf »Oh, Gott!« wirklich an den All-mächtigen?

Im dichten Pilgerstrom des Erleuchtungsevents tref-fen wir später Krissy, der es mit einigen Freundinnen an diesem besonders schönen Sommertag gelungen ist, einen Blick auf eine ganz andere heilige Familie zu werfen – die Kelly Family. Das Erlebnis mit der modernen Christus-kapelle genügt den Mädels offenbar. Sie entscheiden sich für Joey, aber gegen Benny. »Die Kellys waren voll süß. Und die haben auch immer so Benedetto geklatscht«, erzählt Krissy, auf deren T-Shirt der Spruch *Gute Mädchen kommen in den Himmel, böse Mädchen kommen überallhin* steht. Ihre Augen leuchten bei der Erinnerung ans Sakropopkonzert selig. »Den Papst gucken wir uns jetzt nicht mehr an. Wir sind voll platt.«

Der Heilige Geist war beim Weltjugendtag wohl nur Zaun-gast, zumindest, was die breite Masse angeht. Die Hoffnung, dass sich durch das Mega-Event eine ganze Nation und vor al-lem die junge Generation in die Arme der Kirche zurücktrei-ben lassen, war fromm gemeint, aber wenig realistisch. Die Studie *Megaparty Glaubensfest* kam später zu der Erkenntnis, dass die bekennenden Weltjugendtagsbesucher auch vorher schon in der Kirche aktiv gewesen waren. Unbeteiligte, die nicht zu einer kirchlichen Organisation gehörten, hatten Bes-seres zu tun, als sich bekehren zu lassen. Das große Revival des Glaubens war im Grunde also nicht mehr als ein kleines Dornbuschfeuer.

»Also die Hardcorechristen waren halt diejenigen,
die im Flugzeug die Bibel gelesen und den Rosenkranz
gebetet haben, damit sie nicht abstürzen.
Die Weihrauchkiffer waren eher die, die rumgegrölt haben,
Spaß hatten und Party gemacht haben.«
EIN PILGER GEGENÜBER
DEM FORSCHUNGSKONSORTIUM WELTJUGENDTAG

In Wirklichkeit könnte die Lage für den Nazarener Fischer-
verein nicht viel apokalyptischer aussehen. Zumindest
in Deutschland. Während weltweit die Zahl der 2,1 Milliarden Christen wächst, kündigen hierzulande jedes Jahr
Hunderttausende ihr Abo mit der Paradiesprämie: Immer
mehr Menschen treten aus der Kirche aus, und das seit vielen Jahrzehnten. Infolge der Missbrauchsskandale hat die
Zahl der Kirchenaustritte im vergangenen Jahr sogar einen
neuen Höchststand erreicht: Weit über dreihunderttausend
Menschen verließen 2010 die katholischen und evangelischen Kirchen, zum ersten Mal hatte die katholische
Kirche größere Verluste zu beklagen als ihr lutherani-
scher Ableger. Zahlreiche Statistiker wie jene von der
Forschungsgruppe Weltanschauungen in Deutschland
(FOWID) gehen durch Hochrechnungen mittlerweile davon
aus, »dass etwa um 2025 die Mehrheit der bundesdeutschen Bevölkerung keiner der beiden großen Kirchen mehr
angehören wird«.

Höchste Zeit, dem Christentum endlich die letzte Ölung
zu verpassen, meinen Kirchen- und Glaubenskritiker. Bisher
sprach für die Kirche noch eine hohe Glaubwürdigkeit in mo-

ralischen Dingen, aber die Zweifel in der Bevölkerung wachsen rasant – kein Wunder bei der miesen Presse: Die Satire-Zeitschrift *Titanic* kassierte einen Verweis für ihr Titelbild im April 2010, bei dem ein Priester in eindeutiger Stellung vor dem Gekreuzigten kniet. »Ist Gott nur eine Wahnvorstellung?«, will unterdessen das ZDF wissen; »Wie glaubwürdig ist die Kirche?«, fragt der SWR; »Heidenspaß statt Höllenqual« und »Auslaufmodell Kirche?«, titelt der WDR; Anne Will talkt mit ihren Gästen über die Missbrauchsfälle; der *Stern* enthüllt »Lügen, Blut und Weihrauch. Die dunklen Geheimnisse der Kirche« im Jahr nach dem Weltjugendtag; »Ich glaube, ich trete aus«, meinte das *Zeit Magazin*; der Journalist und Autor Dirk Kurbjuweit erklärte jüngst im *Spiegel*, »warum sich die Demokratie endgültig vom Christentum befreien muss«, und Karen Duve veröffentlicht ebenda ein »Plädoyer wider den Glauben« mit dem Titel »Welt ohne Gott«. Auch diverse religionskritische Bücher wie *Der Gotteswahn* des britischen Evolutionsbiologen Richard Dawkins verkauften sich wie früher Ablassbriefe und standen hierzulande monatelang auf den oberen Plätzen der Bestsellerlisten. Die wachsende Zahl von Ungläubigen findet ein Sprachrohr in atheistischen Verbänden wie der Giordano Bruno Stiftung, die in letzter Zeit bundesweit durch Talkshowauftritte und kirchenkritische Aktionen in der Öffentlichkeit Aufmerksamkeit erregen. Der Tenor der Humanisten, Kirchenkritiker und Evolutionsbefürworter: Warum sollen Christen in hohen Ämtern weiterhin Staat und Medien beeinflussen, wenn sie bald in der Minderheit sind?

Die Kirchen sind eine der Grundfesten unserer Gesellschaft, das wiederholen Politiker und Kirchenobere allerorten gebetsmühlenartig auf diese Vorwürfe hin. Doch immer mehr Menschen fragen sich, ob es angemessen ist, dass die Glaubensriesen jedes Jahr staatliche Zuschüsse in Milliardenhöhe einstreichen dürfen – und wofür überhaupt? Viele überlegen, ob sie die Kirche überhaupt vermissen würden, wenn es sie morgen nicht mehr gäbe. Diese Menschen halten sie für komplett überflüssig – oder jedenfalls nicht mehr für den Hüter von Glauben und Moral, geschweige denn für einen Hort des Friedens. Dreiundvierzig Prozent der Deutschen können sich laut einer ALLBUS-Umfrage des Gefühls nicht erwehren, dass die Welt ohne Religion friedlicher wäre.

Und Gott? Den hat es nie gegeben, zumindest wenn man dem prominenten Physiker Stephen Hawking Glauben schenkt. In seinem Buch *Der große Entwurf* schreibt er, kein höheres Wesen habe bei der Erschaffung des Weltalls die Hände im Spiel gehabt. »Spontane Schöpfung ist der Grund, warum es statt des Nichts doch etwas gibt, warum das Universum existiert, warum wir existieren.« Es sei »nicht notwendig, sich auf Gott zu berufen«.

Die religiöse Lage erinnert aus unternehmerischer Sicht an die letzte Finanzkrise: Der Aktienkurs der Christentum AG ist im freien Fall. Der Grund sind wie immer Managementfehler. Die Marke ist schwer beschädigt worden, nicht zuletzt deswegen, weil der Konzern nicht auf transparente Geschäftsprozesse setzt. Es fehlt an Glaubwürdigkeit. Die Nachfrage auf dem deutschen Markt ist deshalb zusammengebrochen. Die Gläubigen haben dem Vorstand die Entlastung verweigert. Der Allmächtige hat seinen Posten geräumt, das Bodenpersonal kann entlassen werden.

Doch was würde uns erwarten, wenn wir wirklich ganz auf Kirche und Religion verzichten? Wenn man dem Vatikan glaubt, ist die Antwort eindeutig: Chaos und Verdammnis. Papst Benedikt XVI. warnte noch vor dem Weltjugendtag 2011, dass »die Welt ohne Gott zu einer Hölle wird«. Auch aus wissenschaftlicher Sicht ist es vielleicht gar nicht so klug, auf himmlischen Beistand zu verzichten. Forscher wie der Anthropologe Richard Sosis haben herausgefunden, dass religiöse Gemeinschaften in der Geschichte im Schnitt eine vierfach höhere Überlebenswahrscheinlichkeit besaßen als jene, die keinem Glauben angehörten. Tatsächlich waren vor allem solche Gemeinschaften von Bestand, die den Lebensstil ihrer Anhänger besonders stark reglementierten. Der Publizist Ulrich Schnabel sieht in seinem Buch *Die Vermessung des Glaubens* gar einen Zusammenhang zwischen dem wirtschaftlichen Erfolg einer Gesellschaft und ihrer Religiosität: »Vermutlich hat sich das Christentum auch deswegen auf der ganzen Welt verbreitet, weil diese Religion das ökonomische Denken eher fördert als hemmt.« Weitere gern genannte Argumente für einen gottgefälligen Lebensstil: Gläubige Menschen sind glücklicher, sie bekommen im Durchschnitt mehr Kinder als nichtreligiöse, sie sind strebsamer, hilfsbereiter und ehrlicher. Für die Aufrechterhaltung des klerikalen

Treibens sprechen danach die Aufrechterhaltung von Werten, Moral und Sozialsystem.

Klingt ganz danach, als stünden genauso viele Dinge auf der Pro- wie auf der Contra-Seite. Sie müssen sich nur noch entscheiden. Doch wem wollen Sie glauben? Immerhin gibt es keine Beweise: Manches muss man einfach glauben – oder eben nicht. Glauben Sie beispielsweise an die Jungfrauengeburt? An einen allmächtigen Schöpfer, bei dem man gleich drei Götter für den Preis von einem bekommt? Und wie finden Sie die Zehn Gebote? Sie können natürlich auch an gar nichts glauben, außer, dass selbst der Tod nicht umsonst ist und es einen am besten an der Theke oder bei Ausübung der schönsten Nebensache der Welt mit einem attraktiven Partner erwischt. Und dann stehen auch noch Schutzengel, Horoskope, Heilsteine aus Atlantis und die Kraft von magischen Händen zur Auswahl, die allesamt um Ihre Gunst buhlen.

Es muss nicht immer Christentum sein: In Sachen Religion ist Deutschland heute so vielfältig und unübersichtlich wie nie zuvor. Früher lief das alles geordneter, da gab es nur zwei große Konfessionen in Deutschland, von jeder aber reichlich: Die beiden Amtskirchen teilten die Bundesbürger zu ziemlich gleich großen Teilen unter sich auf. Statistisch gesehen. Heute ist das anders: Unser Land steckt in einem großen Transzendenztohuwabohu. Es gibt Menschen, die glauben alles Mögliche. Manche stellen sich vor, es gäbe unsichtbare Teekannen, die um die Sonne kreisen, andere finden sich zusammen, um Rituale für ein fliegendes Spaghettimonster abzuhalten. Wir wissen nicht mehr, was andere glauben, was genau wir selbst eigentlich glauben und wem wir überhaupt noch glauben könnten, wenn wir das wollten. Zu diesem unglaublichen Glaubenskompott, in dem wir stecken, fällt uns nur eines ein: Heilige Scheiße!*

Derzeit ist Religion einer der beliebtesten Gesprächsstoffe, und Befürworter und Gegner streiten in Print und TV so heftig wie seit langem nicht mehr: So zofften sich zum Beispiel prominente Atheisten und Gläubige beim Diskussionsabend »Disput Berlin!«. Der Pressereferent der Giordano Bruno Stiftung, Philipp Möller, erklärte das Christentum zur Tradition eines »primitiven Hirtenvolkes« und zitierte Albert Einstein, der die jüdische Religion einmal den »Inbegriff des kindischsten Aberglaubens« genannt hatte. Gefundenes Fressen für Wilhelm Imkamp, Theologe und Wallfahrtsdirektor, der daraufhin schimpfte: »Ich ärgere mich nur, dass Sie im Namen von Aufklärung vom jüdischen Aberglauben sprechen. Und die jüdische Religion disqualifizieren! Und dann kommen Sie hin und sagen, die Katholische Kirche hat die Juden verfolgt! Die Judenverfolger, das sind Sie!«

Wenn es um Religion geht, bleiben die Gemüter selten kühl. Auch der Islam sorgte in dieser Hinsicht in den vergangenen Jahren für reichlich Kontroverse. Natürlich könnten wir in diesem Buch auch darüber oder über andere Weltreligionen reden. Doch darum geht es uns nicht. Es geht um die Menschen, die wie wir selbst mit dem Christentum aufgewachsen sind, sich irgendwann dafür oder dagegen entschieden und danach nicht mehr viele Fragen gestellt haben. Es ist eine Generation, die oft nicht mal zwischen Glaube, Religion und Kirche zu unterscheiden weiß und die Mitgliedschaft manchmal nur wegen der schönen Feiern und der monat-

---

* In vielen Bundesländern amüsierter Ausruf der Verzweiflung.

16

lichen Sozialspende noch nicht gekündigt hat. Reden wir also über das Christentum. Und stellen wir uns die Frage: Wären wir ohne Religion wirklich besser dran? Braucht heute überhaupt noch irgendwer das Christentum, oder könnten wir es abschalten wie ein altes Atomkraftwerk?

Es wird daher in diesem Buch um verführerische Obstbäume im Paradies gehen, um die Unmöglichkeit des Allerhöchsten, um die Kirche als Religionsverwalter und um das schönste Märchenbuch der Welt: die Bibel. Nicht zuletzt möchten wir zeigen, was aus jenen wird, die zwar gern an etwas glauben wollen, aber das Christentum trotzdem an den Nagel hängen.

Zuerst soll es aber um diejenigen gehen, die unerleuchtet im deutschen Paradies leben und denken, Spiritus Sanctus wäre eine Spezialität aus dem Schnapsregal. Wie viel christliche Lehre steckt noch in unseren Köpfen, oder herrscht dort eher christliche Leere?

Haftungsausschluss

Das vorliegende Buch ist kein Gebetsbuch, keine Predigt und auch nicht das Wort zum Sonntag. Es wirft Fragen auf. Beim Lesen kann es Ihnen passieren, dass Sie zweifeln: an Gott, der Kirche, den Gläubigen und an sich selbst. Es kann Ihnen auch passieren, dass Sie lachen: über Gott, über die Kirche, über die Gläubigen und über sich selbst. Glauben ist immer etwas Persönliches. So auch in diesem Buch. Vielleicht sind Sie anderer Meinung – diese ist uns als Teil des Spektrums höchst willkommen. Denn fest steht nur eins: Eine Wahrheit, die man pachten kann – die gibt es nicht.

1

DENN SIE WISSEN NICHT, WAS SIE GLAUBEN SOLLEN
Von der christlichen Leere in unseren Köpfen

enn es um Religion geht, sind heute viele von uns kleine Arschlöcher. Denn wir sind ähnlich ahnungslos wie die aufmüpfige Comicfigur, wenn wir uns zu feierlichen Anlässen ausnahmsweise einmal in die Kirche verirren. In dem Film *Das kleine Arschloch und der alte Sack – Sterben ist Scheiße* segnet der Großvater, der alte Sack, das Zeitliche, als er während einer Beerdigung in einen Sarg fällt und bei lebendigem Leib begraben wird. Das kleine Arschloch besucht deshalb zum ersten Mal seit langer Zeit einen Gottesdienst:

»Schmeckt ja wie gekreuzigt und wiederauferstanden!«, schreit er und spuckt die Backoblate dem Priester vor die Füße. Er ist etwas verwirrt, was den genauen Programmablauf angeht. »Und was ist mit dem Wein, die anderen geben immer noch Wein?!?«, wundert er sich.

»Also, das ist bei den Evangelischen«, erklärt der Priester. »Dies ist ein katholisches Gotteshaus.«

»Ach, gibt's da 'nen Unterschied?«

»Da gibt es allerdings einen Unterschied!«

»Stimmt, ihr habt buntere Fenster«, stellt das kleine Arschloch fest und bewundert die Bleiverglasung. »So sieht's also bei den Katholen aus. Ich spritz ab!«

Wir mailen den Link zum Video vom kleinen Arschloch unseren Freunden Natalie und Manfred zur Erbauung. Sie hatten mit Kirche noch nie viel am Partyhütchen, wollen aber ihren Sohn auf den klangvollen Namen Jordan Jason Klaus

Schulze taufen lassen. Nun wissen sie nicht, was sie zum Planschfest im Weihwasserpool eigentlich erwartet, denn an den lieben Gott glauben sie beide nicht – die Taufe könne dem Kind allerdings auch nicht schaden, praktisch als so eine Art Vorsorgeimpfung. Außerdem sind Natty und Manni sich sicher, dass Glaube Berge versetzen kann – Geldberge vor allem, nämlich vom Konto der erzevangelischen Eltern auf das eigene. Nachdem diese es aufgegeben haben, die beiden noch einmal in Schwarzweiß heiraten zu sehen, wollen sie wenigstens das Kind retten und vom Pfarrer segnen lassen. Als Belohnung winken sie mit einem satten Zuschuss zum neuen Familiennest.

Die Taufparty steigt an einem wolkenverhangenen Samstagmorgen. Der alte Backsteinbau der evangelischen Kirche macht im Nieselregen einen wenig einladenden Eindruck, als wir zum Taufgottesdienst erscheinen. Natty trägt zur Feier des Tages einen Ausschnitt bis zum Bauchnabel. Dass die versammelten Großmütter das für unangebracht halten, ist ihr egal: »Ich lass mir von den verklemmten Betschwestern doch nicht vorschreiben, was ich anziehe!« Aus ähnlicher Gemütslage heraus haben die beiden darauf verzichtet, bei ihrer Hochzeit Gottes Segen einzuholen. Das allerdings haben die Leute von der Kirche bei der Anmeldung zur Taufe zwecks Nachwuchsförderung gnädig unter den Tisch fallen lassen, genauso wie die Tatsache, dass Natty evangelisch, Manni aber katholisch ist. Wo da eigentlich der Unterschied liegt, wissen sie beide nicht. Als Manni bei der Vorbesprechung des christlichen Stapellaufs feststellte, dass das Baby quasi »ökomenisch«, wie er es nennt, gezeugt worden sei, verdrehte der Pfarrer die Augen gen Himmel.

Die Gemeinde sitzt bereits in Hab-Acht-Stellung da, als wir das Gotteshaus betreten, nur die beiden Säuglinge ratzen in himmlischer Ruh. Neben Jordan Jason Klaus Schulzes Erzeugern sind noch die Herkenraths mit ihrem Nachwuchs Leonie Ayleen am Start. Natty hat uns bereits berichtet, dass Mutter Herkenrath beim Taufvorbereitungsabend etwas aus der Rolle gefallen ist. Auf die Frage, was sie sich für ihr Kind von der Taufe erhoffe, hat sie geantwortet: »Beim Taufen bestellt der Herr Pfarrer den Schutzengel für mein Kind. Der sorgt dann dafür, dass ihm nie was passiert.« Der Herr Pfarrer erläuterte daraufhin, dass er nicht von der Hamburg Mannheimer und die Taufe keine Lebensversicherung ist.

»Manche verwechseln Colgate mit Golgata.«
KARDINAL LEHMANN

Das Aufjaulen der Orgel startet den Gottesdienst. Der Pfarrer tritt ein. Er verzieht keine Miene, als der Organist mehrfach schmerzhaft danebengreift, und macht nur kurz die Ansage, dass das Fotografieren während des Gottesdienstes nicht erwünscht ist. Die gezückten Handys verschwinden wieder, nur Mannis Mutter lässt die neue HD-Videokamera mitlaufen. Sie macht sich nicht viel aus christlichen Geboten, ihre Konfession ist abergläubisch. Den Umstand, dass ihr Enkelkind ein Junge geworden ist, hat sie im Kreise von Mannis Kumpeln bereits darauf zurückgeführt, dass ihr Sohn beim Zeugungsakt auf ihr Anraten hin die Socken anbehalten hat.

Nach dem feuchtfröhlichen Freitagabend fällt es uns heute Morgen schwer, den Ton zu halten. Sich die unbekannte Melodie zu merken und darauf dann den Text der nächsten Strophe zu singen, überfordert uns ein wenig: »Er ist mir täglich nahe / und spricht mich selbst gerecht. / Was ich von ihm empfahe, / gibt sonst kein Herr dem Knecht. / Wie wohl hat's hier der Sklave, / der Herr hält sich bereit, / dass er ihm aus dem Schlafe / zu seinem Dienst geleit' ...«

Empfahe? Sklave? Knecht?

Egal, die anderen um uns herum verstehen auch nur Himmelfahrt und singen Playback. Dann liest eine ältere Frau aus dem Evangelium vor, und die Eltern treten mit den Säuglingen vor.

Natty und Manni sehen zu, wie der Pfarrer ihrem Sohn das Weihwasser über den Kopf gießt. Von Manni wissen wir, dass er Religion in der Oberstufe abgewählt hat und seitdem den Begriff Gott nur noch in Zusammenhang mit Angus Young verwendet. Er artikuliert das Versprechen, seinen Sohn im christlichen Glauben zu erziehen, dennoch besonders deutlich, weil Opa Schulze mitbekommen will, dass ordnungsgemäß getauft wird. Und der Gute ist etwas schwerhörig ...

Der Pfarrer hält noch eine Predigt darüber, dass allein der Glaube Ursache für Glück und Wandlung im Leben sei. Er rezitiert den Stürmer Cacau: »An einem Tag feiern sie dich, am nächsten bist du der Depp. Auf Jesus kannst du dich immer verlassen.« Leichte Schläfrigkeit macht sich breit. Vielleicht hätte er besser Kicker Horst Heldt beliehen, der auf die Frage, woran er glaube, antwortete: »An die fünf lebenswichtigen Bausteine in Nutella.« Der kleine Junge neben uns beginnt auf seinem iPhone *Angry Birds* zu spielen.

Zum Vaterunser bewegen wieder alle wortlos die Lippen. In der Bank vor uns will sich ein junger Mann sogar zum Gebet auf die Knie werfen, aber seine Freundin erklärt ihm leise, dass das nur bei den Katholiken so sei. Als im Anschluss der Klingelbeutel durch die Reihen gereicht wird, lichten sich diese schlagartig. Draußen ist schönes Wetter, und der Kuchen ruft.

»Manchmal ist es schwer,
wach zu bleiben, besonders in der Kirche.«
OSCAR WILDE

Nach der Tauffeier ist uns eines klar: Eigentlich hatte außer dem Pfarrer und den fest im evangelischen Glauben verwurzelten Großeltern kaum einer einen Plan, was hier abging. Vermutlich wussten auch die wenigsten, dass es bei der Taufe ursprünglich nicht um Geschenke, warme Worte und die Aufnahme in die Gemeinde geht, sondern um die Zugehörigkeit zu Christus und die Erlösung von der Erbsünde. Ist aber auch nicht so wichtig. Die Kirche ist für viele ohnehin zu einem Teilzeitpartyschuppen geworden. Eigentlich passen der sakrale Schwulst und die biedere Gesinnungslage nicht mehr zum modernen Lifestyle – zwei Drittel der Deutschen gehen nach Angaben von TNS Infratest nie oder nur noch selten in die Kirche. Lediglich zu Hochzeiten und Taufen suchen wir immer noch gerne ein Gotteshaus auf, einfach weil die Feier dann einen hübschen Rahmen hat und die Verwandten einen offiziell anerkannten Grund, uns zu beschenken. Worum es in der Messe wirklich geht, davon haben wir so viel Ahnung wie Moses vom Rödelheim Hartreim Projekt.

Die Show in der Kirche ist uns fremd geworden, und der Qualm einer Shisha-Bar vertrauter als der Weihrauchnebel in der Sonntagsmesse. Unsere unruhige Seelenlage bügeln wir ohnehin lieber mit Yoga oder bei einem Wellness-Wochenende im Spa-Tempel glatt. »Viele, die zur Taufe kommen, wissen zum Beispiel nicht mehr, wozu es Fürbitten gibt«, erzählt uns ein Pfarrer aus München. »Ernsthaft, es gab auch mal eine Frau, die wollte mir wieder aufhelfen, als ich beim Einzug in die Kirche vor dem Altar niederkniete.« Ein katholischer Dienstleister in Karlsruhe berichtet davon, dass sich beim Einzug in die Kirche schon das ein oder andere Malheur ereignet hat, wenn die Eltern zuvor nicht richtig gebrieft wurden. Er erwartete die Taufeltern an der Eingangstür und fragte sie: »Was erbitten Sie sich von der Kirche?« Mit der Mutter hatte er als Antwort »die heilige Taufe« verabredet, ihr Mann war dem Ablaufseminar wegen eines wichtigen Bundesligaspiels ferngeblieben. Bevor sie etwas sagen konnte, reichte der stolze Vater dem Pfarrer schon die Hand und stammelte reflexartig: »Meyer. Dürfen wir reinkommen?«

Wer sich zu einer solchen Feier verirrt, holt deshalb heute besser vorher professionellen Rat ein. Viele von uns stünden vor einem gesegneten Problem, wenn das Vorgespräch mit dem guten Hirten nicht mehr stattfinden würde oder wenn es nicht wenigstens eine Vielzahl von Tauf-Websites für Eltern gäbe. Alternativ können natürlich auch alle, bei denen im Hinblick auf die sakralen Spielregeln mehr Glauben als Wissen vorhanden ist, den Comedian ihres Vertrauens hinzuziehen. So warnt etwa der Switch-Spaßmacher Michael

Kessler in *Kesslers Knigge* auch schon mal vor den peinlichsten Patzern im Gottesdienst. Seine wichtigsten drei Regeln: keinen Teppich ausrollen und nach Mekka beten, während der Veranstaltung keine Pizza kommen lassen und den Klingelbeutel füllen, nicht leeren.

Mit unserem Wissen über die heilige Vielfalt steht es oft nicht zum Besten. Haben Sie sich nicht auch schon mal gewundert, warum eigentlich Gott Vater, der Heilige Geist und Jesus angeblich dreifaltig sind und doch eins? Oder könnten Sie aus der Lamäng sagen, wen genau wir an Allerheiligen feiern, was Mariä Lichtmess mit einem Schaf und einer Taube zu tun hat und worum es bei Fronleichnam geht – wenn nicht um arbeitende Verstorbene oder glückliche Kadaver? Nein? Trösten Sie sich. Sie sind nicht alleine.

Gott ist kein Pinguin[*]

Buchtitel unterhalten sich über den Allmächtigen

Mama, wer ist Gott? Bärbel Mohr/Stefan Stutz
  Gott ist kein Argentinier mehr Enrique Bein/Roberto Bein
  Ist Gott Brasilianer? Herbert Plate
  Gott ist Brasilianer Peter Overbeck
  Gott ist Engländer R.F. Delderfield

Wie siehst du aus, Gott? Marie-Hélène Delval/Barbara Nascimbeni
  Gott ist groß Elizabeth Hicks u.a.
  So groß ist Gott Patricia M. Saint John u.a.

----

* Axel Wiemer: Gott ist kein Pinguin

Mein Gott ist so groß Catherine Mackenzie

So groß ist unser Gott! Ken Campbell

Gott ist größer, als ihr glaubt Thomas Williams

Würfelt Gott? Arnold Benz/Samuel Vollenweider

Gott würfelt nicht Richard Morris

Gott würfelt doch Lutz Kreutzer

Ist die Kirche noch zu retten? Hans Küng

Der liebe Gott ist auch schon ausgetreten Jochen Jülicher

Was macht Gott den ganzen Tag? Heinz-Manfred Schulz

Gott fährt Fahrrad Maarten't Hart

Und Gott chillte edition chrismon

Termine mit Gott 2011 Klaus J. Diehl u.a.

An der Arche um Acht Ulrich Hub/Jörg Mühle

Gott ist jederzeit zu sprechen Roth Paul

Sterben wie Gott in Frankreich Michael Böckler

Gott ist tot Ronald F. Currie

Gott ist tot!? Hilke Wagner

Gott ist tot? Dass ich nicht lache! Heinz Siebel

Gott ist nicht tot Etienne Borne/Johannes Hüttenbügel

Gott ist tot und lebt Hans M. Enzensberger u.a.

Und Gott sprach: Wo liegt das Problem? Jörg Schulze

Beim großen *Sat.1 Weihnachtstest* wollten die Reporter an der deutschen Basis mehr über die genauen Hintergründe des höchsten Feiertags erfahren und überraschten arglose Glühweinschlürfer auf dem Weihnachtsmarkt. »Jesus und Christus – wissen Sie, was später aus den beiden geworden ist?«, wollten sie von einem Vater und dessen Sohn wissen. Die beiden mussten nicht lange überlegen: »Den haben sie gekreuzigt, den einen.«

Andere Christbasarbesucher datierten in der Folge den Geburtstag des Heilands, den sie alljährlich mit einem Haufen Geschenken feiern, mal mit großer Treffsicherheit auf »achtzehnhundert vor Christus«, mal etwas vage auf »so fünfhundert, sechshundert oder tausend« und auch mal pauschal auf »das ist schon ein bisschen länger her«. Die Heiligen Drei Könige, die bei fast jedem Deutschen als Figürchen unter dem Tannenbaum im Stall stehen, heißen nach allgemeiner Auskunft »Jaspar, Melchior oder Benedikt«, und eine junge Frau mit blonden Locken kannte gar »Balthasar, Baldrian und ...« – den Dritten hatte sie vergessen.

»Um ein tadelloses Mitglied einer Schafherde sein zu können, muss man vor allem ein Schaf sein.«
ALBERT EINSTEIN

Solche christlichen Entgleisungen bringen aber heute keinen mehr in Bedrängnis. Denn warum die Christen einen Feiertag begehen, schert niemanden mehr, Hauptsache wir haben frei und können auspennen. In einer Emnid-Umfrage wusste von den unter Neunundzwanzigjährigen lediglich ein Drittel, dass sie an Pfingsten die Verschickung des Heiligen Geistes begehen. An Ostern denken die meisten nur an ein Kaninchen, das bunte Eier legt, und statt Allerheiligen feiern die meisten lieber Halloween. Als Vorbereitung für die höheren kirchlichen Feste gilt für uns schon der Einkauf von Saisonartikeln aus dem Discounter unserer Wahl, und die Tatsache, dass die Bundesländer je nach Hauptkonfession über unterschiedlich viele arbeitsfreie Tage verfügen, erscheint immer mehr Bürgern als himmelschreiende Ungerechtigkeit. Folgerichtig antworten acht von zehn Leuten auf die Frage »Sind für Sie Tage wie Christi Himmelfahrt oder Fronleichnam religiös bedeutsam?« sehr eindeutig: »Ich feiere diese Tage nicht, sondern genieße die freie Zeit.«

> *»Ein Esel stellt sich Gott als Esel vor.*
> *Der Papst stellt sich Gott als Mann vor.«*
> UTA RANKE-HEINEMANN

Die Religionsamnesie setzt schon im zarten Alter ein. Heike Marin ist Pastorin in einer Gemeinde nahe Dortmund und kennt angehende Gläubige aus dem Konfirmanden- und Religionsunterricht. »Wer wurde gekreuzigt? Das war doch Jehova! Solche Aussetzer kann ich mir dauernd anhören«, berichtet die Pastorin. Die Zahl der Konfirmanden in ihrer Gemeinde sinkt seit Jahren, und auch in der Schule haben schon mal mehr Jugendliche ihre Relistunde besucht. Da drückt sie dann auch mal ein Auge zu, wenn das Vaterunser plötzlich nur noch aus zwei Zeilen besteht oder sich viele statt der Bibel lieber die Bestsellerverfilmung *Das Jesus-Video* angucken wollen. Die meisten kennen die biblischen Geschichten ohnehin eher aus der Verballhornung *Das Leben des Brian* von Monty Python. Die Geschichte von Brian, der ganz unbedarft und vor allem ungewollt in die Messias-Kiste reinrutscht, ist für viele der Beleg, wie schnell aus einem Missverständnis ein großer und seltsamer Kult werden kann.

ANNE ERZÄHLT

»Darf ich auch mal Pastor sein?«, fragt meine kleine Schwester. Sie zuppelt flehend an meinem Dracula-Faschingsumhang, mit dem ich ein Priestergewand simuliere. Ein Schal liegt majestätisch über meinen Schultern, die Enden baumeln über dem Gewand herab.

»Ja, gleich«, sage ich mit der ganzen Huld meiner sechs Jahre, während ich Backoblaten als Hostien ausgebe. »Aber jetzt bist du wohl erst mal die Gemeinde.« Gütig beuge ich mich herab und murmele »Der Leib Christi«, wie ich es sonntags bei unserem Pfarrer gesehen habe. Meine Schwester schluckt die Oblate runter, läuft um mich herum und kniet dann wieder vor mir nieder, worauf ich ihr den zehnten trockenen Mehltaler in Folge auf die Zunge lege.

Sie hustet und würgt ein bisschen. »Mama?«, ruft sie. »Kann ich einen Traubensaft?« Meine Gemeinde springt auf und rennt in die Küche.

Amen, denke ich. So schnell läuft einem das Kirchenvolk davon. Erst noch fromm tun und dann Traubensaft saufen. Aber daran muss ich mich wohl gewöhnen. Ich träume nämlich davon, Päpstin zu werden, oder zumindest Bischöfin. Dass in diesem Beruf die Frauenquote fast schon im negativen Bereich liegt, darauf wäre ich zu diesem Zeitpunkt im Leben nicht gekommen. Ich bleibe den Katholiken daher treu, in der Hoffnung, irgendwann tatsächlich in die Führungsetage aufzurücken – und auch deswegen, weil ich schlicht und ergreifend keine Ahnung habe, dass man grundsätzlich aus dem Verein auch austreten kann.

Mein Hang zum Christentum basiert in diesem Alter auf Unwissenheit. Lange habe ich noch an den Osterhasen geglaubt, und zwar allein deswegen, weil meine Mutter im Garten vor uns herläuft, Schokoeier auf den Rasen fallen lässt und ruft: »Guckt mal! Was ist denn das?« Vom Weihnachtsmann will ich gar nicht erst anfangen. Es ergeht mir eben auch nicht anders als allen anderen Kindern: Wir glauben gerne alles, was die Erwachsenen uns erzählen, und für die ist es wiederum ganz praktisch, dass sie uns mit der biblischen Geschichte viele Dinge auf einfache Art erklären können, für die uns der größere Zusammenhang fehlt. Egal ob es nun um die Herstellung des kleinen Geschwisterchens geht oder um die Frage, was Oma eigentlich nach dem Umzug in die Kiste sechs Fuß unter der Erde so treibt.

Glauben ist in der Kindheit oft nicht mehr als das einfache Vorenthalten von Fakten. Ich halte es daher auch lange Zeit für einen gebräuchlichen Ritus unter allen Menschen auf der Welt, dass man sich zu Weihnachten ein Sofakissen unter den Pulli steckt und singend durchs Haus zieht, um die Geschichte von Maria und Josef nachzuspielen. Auch die Heilige Erstkommunion erscheint mir tatsächlich heilig, und dass, obwohl ich gar nicht genau verstehe, aus welchem Anlass man sich da eigentlich einen weißen Fummel anzieht und einen Stoffblütenkranz ins Haar hängt. Ich betrachte es einfach als einen weiteren Schritt meiner Karriere in der katholischen Kirche, den zweiten nach der Taufe. Daher erhebe ich auch keinen Einspruch, als meine Eltern mich für den Kommunionsunterricht anmelden.

Die Wochen vergehen, und mit rasanten Schritten geht es auf das frohe Ereignis zu. Kommunionskerzen werden gespitzt, Kleider gekauft und Einladungen an die Verwandten verschickt. Der Kommunionsunterricht besteht größtenteils aus dem Ausmalen von vorgezeichneten Bildchen, fantastischen Geschichten über Männer, die in Fischbäuchen überleben, und nachgespielten Szenen von Bibelmotiven. Im Grunde ganz ähnlich, wie wenn Mama aus dem Märchenbuch vorliest.

Am Tag vor der Feier sollen wir die Beichte ablegen. Die Nacht zuvor liege ich grübelnd wach. Mir will partout kein elegantes Vergehen einfallen, das mich nicht so dämlich aussehen lässt. Jetzt heißt es Top oder Flop: Wenn ich diese Hürde meistere, dann ist der erste Grundstein für mein Amt als katholische Würdenträgerin gelegt.

»Und, was hast du dir überlegt?«, fragt die Kommunionsbetreuerin Esther mich, bevor wir in Richtung Beichtstuhl aufbrechen.

»Weiß nicht«, sage ich. »Was beichtet man denn am besten?«

»Na, überleg doch mal«, ermuntert Esther mich. »Muss ja auch nix Großes sein.«

Ich überlege.

»Dann geb ich dir jetzt mal drei Sünden zur Auswahl«, leistet mir Esther Schützenhilfe. »Du hast doch deiner Schwester bestimmt schon mal ein Spielzeug weggenommen. Oder du könntest sagen, dass du was aus dem Süßigkeitenschrank deiner Mama genommen hast. Oder du hast bei der Schularbeit gespickt.«

Du meine Güte. Gleich drei öde Dinge auf einmal. Wer in der katholischen Kirche Karriere machen will, muss bestimmt von Anfang an Eindruck schinden, am besten mit einem richtig originellen Beichtgeständnis, davon bin ich überzeugt. Ich muss also groß denken.

Den Beichtstuhl zu betreten kommt mir vor wie an der Tafel vorrechnen. Ich bin nervös, als ich den schwarzen Vorhang beiseiteschiebe und mich auf das Holzbänkchen in der engen Kabine quetsche.

»Hast du gesündigt, mein Kind?«, erkundigt sich der Pastor erwartungsvoll durch das vergitterte Fensterchen.

Meine Hände sind ganz schwitzig. Jetzt bloß keinen Fehler machen.

»Ja, ich glaube, schon«, raune ich zurück.

»Du kannst dich dem Herrn anvertrauen.«

»Also ...« Meine Kehle ist ganz trocken. »Ich habe meiner Mutter einen Batzen Geld geklaut. Und Schokolade.«

»Das ist aber nicht schön, meine Kleine«, sagt der Pastor. »Dafür solltest du drei Ave Maria beten.« Er will mich entlassen, aber ich möchte die Gelegenheit nutzen, um etwas über meine Berufsaussichten zu erfahren.

»Wenn ich bereue und ab jetzt nie mehr sündige«, beginne ich einen kleinen Kuhhandel, »kann ich dann Bischöfin werden?« Von meinem Plan, den Laden im Vatikan zu übernehmen, sage ich nichts. Das klingt sonst sicher nicht sehr bescheiden.

Schmunzelt der Kerl hinter dem Fliegengitter etwa?

»Das solltest du dir noch mal überlegen«, sagt der Pastor und räuspert sich. »Du willst doch bestimmt selber mal Familie haben.«

Ich denke kurz nach. »Ja«, sage ich. »Kann schon sein.«

»Dann wünsche ich dir, dass du mal jemanden kennenlernst, mit dem du Kinder bekommen kannst«, sagt der Pfarrer.

Ich bin baff. »Danke gleichfalls«, sage ich artig und verlasse den Beichtstuhl.

Liegt es an den runtergeschraubten Ansprüchen an die Religionslehre, dass keiner mehr weiß, an wen oder was er da eigentlich glauben soll? Hand aufs scheinheilige Herz: Nicht wenige würden wohl Meister Eckart mit dem gleichnamigen Klempnergesellen Eckhart aus den Werner-Comics verwechseln. Heutzutage haben wir mehr Ahnung von der Historie unseres liebsten Bundesligavereins als von der Religion, der wir laut Steuerzettel vielleicht noch angehören. Auch die Unterschiede zwischen den beiden Christenclubs erschließen sich manchen Zeitgenossen schon lange nicht mehr. Ein Pfarrer aus Heidi Klums Heimatstadt Bergisch Gladbach weiß Erstaunliches zu berichten: Ein Mann hatte ihm nach seinem Kirchenaustritt eine E-Mail geschickt. »Er sagte, dass er von der Kirche die Nase voll hätte.« Der Pfarrer wollte die genauen Gründe erfahren. »Der Mann sagte, dass er wegen des Papstes und seiner antiquierten Ansichten ausgetreten sei. Ich schickte ihm daraufhin eine Nachricht mit dem Hinweis, dass er gerade aus der evangelischen Kirche ausgetreten war.« Selbst bei der Mehrzahl derjenigen, die der Kirche treu bleiben und sich für gläubig halten, ist das Koordinatensystem gehörig durcheinandergeraten. In einer Forsa-Umfrage gaben sechzig Prozent der Protestanten und Katholiken an, dass sie »frei von Religion und dem Glauben an einen Gott« leben. Im Sinne von Siegfried Lenz sind viele von uns damit »praktizierende Atheisten«: Menschen, die zwar einer Kirche angehören und sogar vorgeben, an einen Gott zu glauben, aber so leben, als gäbe es keinen.

»Wie kann ich an Gott glauben, wenn sich erst letzte Woche meine Zunge in der Walze der Schreibmaschine verheddert hat?«
WOODY ALLEN

Machen wir ein kleines Gedankenexperiment. Nehmen wir an, es geschieht das, worauf Milliarden Gläubige seit über zweitausend Jahren warten: Jesus Christus kehrt auf die Erde zurück. Was würde der Messias wohl von uns denken? Würde er die rasanten Ideen für eine bessere Welt wiederentdecken, die er damals mit seinem Fischerclan ausgeheckt hat?

Wir tun jetzt mal so, als wären Sie Jesus. Verraten Sie es aber besser niemandem – sonst begleiten Sie außer den Wesen mit den weißen Flügeln noch die Männer mit der weißen Jacke. Die Reise führt Sie nach Berlin, weil sich dort gerade der Stellvertreter Ihres Vaters aufhält. Sie wollen »Benno«, wie er im Himmel von Freunden genannt wird, kurz Hallo sagen. Aber Sie erhaschen nur einen flüchtigen Blick darauf, wie er winkend in einem Terrarium auf Rädern an der Menge vorbeirast. Pech gehabt. Sie checken in einer billigen Absteige ein, großer Bahnhof war noch nie Ihr Stil. Im völlig überteuerten Coffeeshop um die Ecke holen Sie sich einen Passion Fruit Tea und surfen im allwissenden Netz, um ein Facebookprofil einzurichten und ein paar neue Jünger zu finden. Aber so weit kommen Sie gar nicht: Mandy bietet Ihnen per Popup einen »geilen Tittenfick« an. Entsetzt stellen

Sie fest, dass das ganze Internet verdorben ist, es wimmelt nur so von fleischlicher Lust! Dabei hatten Sie doch in der Bergpredigt eine klare Ansage gemacht: »Wer eine Frau auch nur lüstern ansieht, hat in seinem Herzen schon Ehebruch mit ihr begangen. Wenn dich dein rechtes Auge zum Bösen verführt, dann reiß es aus und wirf es weg! Und wenn dich deine rechte Hand zum Bösen verführt, dann hau sie ab und wirf sie weg!«

»Wenn ich mich zwischen zwei Sünden entscheiden muss, begehe ich immer diejenige, die ich noch nicht kenne.«
MAE WEST

Sie verlassen den Ort Ihrer Niederlage und strolchen eine Weile ziellos umher. Unterwegs fallen Ihnen die vielen Bedürftigen auf, um die sich offenbar niemand wirklich schert. Sie wundern sich, dass so viele Leute hungern. Denn man müsste nicht mal mehr fünf Gerstenbrote und zwei Fische für sie vermehren, da es an jeder Ecke Fastfood-Fraß und All-you-can-eat-Restaurants gibt. Bei der Gelegenheit gönnen Sie sich selbst einen kleinen Imbiss. Im Restaurant hängt ein Fernseher, auf dem ein Gesangswettbewerb läuft. Ein blonder Mann, der sich aufführt, als besäße er den Schlüssel zum Himmelreich, pöbelt die Barden an: »Ich bin ja Protestant. Aber eher werde ich Papst als du Superstar.« Unverschämtheit! Was das Beleidigen von christlichen Brüdern angeht, hatten Sie ebenfalls klare Regeln aufgestellt: »Ich aber sage euch: Jeder, der auf seinen Bruder zornig ist, gehört vor Gericht. Wer zu seinem Bruder sagt: ›Du Dummkopf‹, der gehört vor den Hohen Rat. Und wer zu ihm sagt: ›Du Idiot‹, der gehört ins Feuer der Hölle.« Sie wenden sich ab und lesen lieber in der Zeitung. Dort wird von einem jungen Mann berichtet, der ein hohes Amt bekleidet und bei seiner Doktorarbeit geschummelt hat. Das Gebot »Du sollst nicht lügen« scheint auch keiner mehr ernst zu nehmen – und dabei arbeitet der Kerl auch noch für einen Club, der sich explizit auf Sie beruft!

»Jesus war ein Wandersmann, am liebsten aufm Ozean
Ja, und seine Zaubershow, die hatte wirklich Weltniveau.
Jesus, Jesus, du bist echt okay,
Jesus, Jesus, everytime fair play.«
DIE DOOFEN

Allmählich dämmert Ihnen, dass sich die moderne Welt nicht mehr viel um Ihre gut gemeinten Worte schert. Am meisten schämen Sie sich aber für den eigenen Laden: Er hat sich in zwei Clubs gespalten, die sich darum streiten, wie man Ihnen auf die richtige Weise Ehrerbietung zollt. Was für ein Kindergarten! Seltsamerweise haben Ihr Stellvertreter auf Erden und seine Entourage außerdem einen merkwürdigen Hang zur Prunksucht. Was hatten Sie noch gleich gesagt? Ach ja: »Sammelt euch nicht Schätze hier auf der Erde, wo Motte und Wurm sie zerstören.« Nun gut, geschenkt. Aber die Sache mit dem Kindesmissbrauch ist wirklich eine Schande. Sie haben Verständnis für die vielen Tausend Menschen, die aus der Kirche austreten. Schließlich hatten Sie damals genauso einen Hals auf die Pharisäer im Tempel wie die Kirchenflüchtigen auf ihre Priesterschaft. Enttäuscht beschließen Sie, dieser gottverlassenen Welt den Rücken zu kehren und wieder in den Himmel aufzufahren. Dieses Mal aber ohne großes Tamtam.

Das Christentum hat in Deutschland seine besten Zeiten hinter sich. Angesichts des Kahlschlags in der Kirchenbank kann man nicht mehr leugnen, dass immer mehr Menschen der Meinung sind, man könne getrost darauf verzichten. Die Hotline zum Himmel hat einen schwerwiegenden Ausnahmefehler, und besonders betroffen ist die junge Generation. Die Hälfte der jungen Menschen in Deutschland steht laut einer Online-Befragung dem Christentum mittlerweile mit Skepsis oder Antipathie gegenüber.

Die religiöse Verwahrlosung ist so weit fortgeschritten, dass der bekannte Publizist und bekennende Christ Matthias Mattusek in seinem Buch *Das katholische Abenteuer* schreibt: »Ich bin so leidenschaftlich katholisch, wie ich vor vierzig Jahren Marxist war. Warum? Weil mein Verein angegriffen wird.« Und sogar Bundeskanzlerin Merkel sah sich auf dem Deutschlandtag der Jungen Union 2010 genötigt, eine Lanze für ihre Religion zu brechen: »Lasst uns doch mal über das Christentum wieder REDEN. Lasst uns das doch mal mit fröhlichem Herzen VERKÜNDEN. Wie oft MACHEN wir DENN das?!?«

Man darf getrost bezweifeln, dass es der Kanzlerin tatsächlich gelingen könnte, das Christentum in Deutschland wach zu küssen. Denn wie viel Christliches kann überhaupt noch in einer Gesellschaft stecken, die davon keine Ahnung mehr hat?

2

GESTATTEN, GENERATION GOTTLOS
Warum uns der Allmächtige egal ist

J m Kölner Dom kiffen Sie in der ersten Reihe«, könnte ein Werbespruch der katholischen Kirche lauten. Schließlich enthält der in der Messe verteilte Weihrauch psychoaktive Substanzen, die eine angstlösende und antidepressive Wirkung haben. Vielleicht ist das der Grund, weshalb die Priester beim Einzug die Hütte dermaßen einnebeln, als sollte hier gleich die Band Unheilig aus den Nebelschwaden auftauchen und der Gemeinde einheizen.

Ein wenig zeitgenössisches Entertainment könnte in der Tat nicht schaden. Im kölschen Weltkulturerbe ist es an diesem Morgen nämlich ziemlich kalt und ungemütlich. Für Stimmung sorgen lediglich der Organist samt Mädchenchor, die inbrünstig »Mir nach, spricht Christus, unser Held« spielen. Die Holzbänke sind hart und für Leute mit fortgeschrittener Körpergröße zudem verdammt eng. Vielleicht ist das sogar Absicht: Mit angewinkelten Beinen und krummem Rücken sitzt man automatisch in bußfertiger Position, während eine schier endlose Prozession von Priestern nebst Fußvolk um einen herum Richtung Altar schleicht. Einer von ihnen trägt die Bibel mit hochgestreckten Armen vor sich her, wie einst Rudi Völler die Weltmeisterschale. Der opulente Aufmarsch erinnert mit seinem Pathos an eine große Heldensaga – ein bisschen wie am Ende von *Star Wars Episode IV*, wenn Luke, Han Solo und Chewbacca, untermalt von orchestraler Musik, in den Tempel einziehen und einen Orden dafür erhalten, dass sie gerade den Todesstern geschrottet haben.

Durch die Kulisse des jahrhundertealten Bauwerks wirkt die Zeremonie reichlich retro. Ein wenig so, als wäre man mitten in eine Szene aus *Die Säulen der Erde* oder *Der Name der Rose* hineingeplatzt.

Nachdem wir jahrelang den Gottesdienst geschwänzt haben, wollten wir uns aus nächster Nähe davon überzeugen, was Kirche heute wirklich zu bieten hat, und die Sonntagsmesse in Deutschlands prominentester katholischer Dauerbaustelle erschien uns dafür eine gute Adresse. Üblicherweise werben die Filialen der christlichen Franchisingkette mit Gemeinschaftsgefühl, Gott, Sozialem und einer frohen Botschaft. Wir hoffen, möglichst reichlich davon vorzufinden.

Glauben ist eine ernste Angelegenheit. Daran lässt der dramatische Auftakt der Messe keinen Zweifel. Im düsteren Mittelalter müssen unsere Vorfahren bei einer solchen Szenerie ganz schön Muffensausen bekommen haben, vor allem, wenn der Pastor vom Teufel und von der Hölle sprach. Heute erinnern die Kostümierungen aus langen Roben und hohen Hüten eher an eine Karnevalsprozession.

Der Zelebrant, Domkapitular Josef Sauerborn, beginnt mit getragener Stimme zu sprechen. »Ich bekenne Gott dem Allmächtigen und allen Brüdern und Schwestern, dass ich Gutes unterlassen und Böses getan habe. Ich habe gesündigt, in Gedanken, Worten und Werken. Durch meine Schuld, durch meine Schuld, durch meine große Schuld.« Welche Schuld? Wir sind uns keiner Schuld bewusst. Herr Sauerborn hingegen scheint ja ordentlich was auf dem Kerbholz zu haben.

Als Nächstes tritt ein Mann in Weiß vor, den man nicht genau erkennen kann, weil er so weit weg ist. Der Kölner Dom ist wirklich eine große Kapelle. Der Mann liest uns aus dem Buch Sacharja vor: »Doch über das Haus David und über die Einwohner Jerusalems werde ich den Geist des Mitleids und des Gebets ausgießen ... An jenem Tag wird die Totenklage in Jerusalem so laut sein wie die Klage um Hadad-Rimmon in der Ebene von Megiddo.« Wir sind uns ziemlich sicher: Wer nicht bibelfest ist, kennt einen Hadad höchstens von der Dönerbude, und wo Megiddo liegt, weiß ohne Google-Maps auch keiner.

Wir singen alle zusammen ein Liedchen. Dann besteigt der Domkapitular die Kanzel, es ist Zeit für die Predigt. »Liebe Schwestern, liebe Brüder hier im Dom und am Domradio und liebe Zuschauer des center.tv«, beginnt er die Rede. Dann spricht er von der Globalisierung, dem »weltweiten Gewebe der Abhängigkeiten«, und stellt fest, dass alles unsicher sei und die Zeiten vorbei, als man noch das Gefühl hatte, dass man sich auskannte und wusste, wie die Dinge zusammenhängen. Schön, dass die Kirche das Thema für sich entdeckt hat. Wir fragen uns aber, ob er mit diesem Schreckensbild eine globalisierungsgewöhnte Generation erreichen kann, die ihre Freunde auf der anderen Seite der Erde über Facebook anstupst, in Südostasien hergestellte Turnschuhe kauft, im Winter selbstverständlich Südfrüchte im Supermarkt erwartet und für die Karriere von München nach Hongkong oder New York zieht.

Herr Sauerborn spricht langsam, schön deutlich und wohl akzentuiert, ein bisschen so, als säßen hier nur Schwerhörige und Schnellmerker. In gemessenem Ton führt er aus, dass der Glaube keine »irrationale Grundbefindlichkeit« sei, auch wenn die Dreifaltigkeit eine »geheimnistiefe Wirklichkeit« besitze, die man aber darlegen und begründen könne. Der Glaube an Jesus Christus gehe eben nicht in dem »erwecklichen Appell eines Pfingstlertums« auf. Allmählich stellt sich die Kirchenstimmung ein, die wir noch aus Jugendtagen kennen: Es ist früh, es ist kalt, wir sind müde, es ist tierisch öde. Wenigstens sind die Kirchenfenster schön, die in buntem Glanz erstrahlen, als die Sonne einfällt. Wir denken etwas melancholisch an das nette Frühstück im Museum Ludwig am vorangegangenen Sonntag zurück, bei dem wir unsere Brötchen mit Livemusik von einer Jazzband genossen haben. Irgendwie hatten wir da eher das Gefühl, unter Gleichgesinnten und im 21. Jahrhundert zu sein.

Plötzlich kommt Action in die Messe. Hinter uns am Eingang gibt es einen Tumult. Eine Frau kommt in den Dom gelaufen und schreit lauthals »Kinderficker!«. Die Gemeinde scheint das nicht zu stören, kaum einer dreht sich um, während die Türsteher die Dame unter Protest wieder nach draußen befördern. Als wir uns später eine Aufzeichnung der Messe im Internet anschauen, existiert diese Szene nicht mehr. Wahrscheinlich eine Weihrauchhalluzination.

Gegen Ende der Predigt fühlen wir uns dann doch noch angesprochen, denn Herr Sauerborn echauffiert sich über das grassierende Pseudochristentum. »Selbst die Muslime reden höher von Christus als die Vulgärchristen«, sagt er, »die ihren Glauben in einem undefinierbaren Brei von abgesunkenen Versatzstücken verloren haben.« Dass wir in der Sonntagsmesse zum Islam konvertieren sollen, hatten wir nun wirklich nicht erwartet.

Nach dem Gottesdienst sind wir ein wenig enttäuscht. Gemeinschaft? Sinnstiftung? Ruhe und Einkehr? Unsere Hoffnung auf eine heimelige Atmosphäre und viel Zwischenmenschliches ist in sich zusammengefallen wie Salzburger Nockerln beim Anstich. Ganz davon zu schweigen, dass wir spirituell auf keinen grünen Zweig gekommen sind, denn obwohl Glaube angeblich gut zu erklären ist, hat keiner ein überzeugendes Argument auf den Tisch gelegt. In ihrer Unverständlichkeit und Monotonie ist Kirche auf die gute alte Kölner-Domkapitelsamt-Weise eine Reise ins Mittelalter. Die Fernsehkommentare von Ulrich Deppendorf versprühen mehr zeitgenössische Ethik als die Predigt des Domkapitulars – moderne Weltanschauung gibt es hier nicht, genauso wenig wie junge Kirchenbesucher.

»Das Christentum wird abtreten. Es wird abnehmen
und verschwinden. Ich brauche keine Argumente dafür,
ich habe recht, und es wird sich erweisen, dass ich recht habe.
Wir sind beliebter als Jesus. Ich weiß nicht, was
eher verschwinden wird – Rock 'n' Roll oder das Christentum.«
JOHN LENNON

Die Welle des Christentums reiten heutzutage überwiegend Silver Surfer, das hat der Besuch im Dom gezeigt. Auch in den meisten kleineren Gemeindekirchen suchen sonntagmorgens fast ausschließlich graue Schöpfe ihren Schöpfer auf. Kein Wunder, denn der christlichen Botschaft fehlen moderner Pep und Eventcharakter – der Gedanke an ein gottgefälliges Leben kommt vielen junge Menschen ungefähr so aufregend vor wie ein abendfüllender Vortrag über Bausparvertrag und Riester-Rente. Von den Sechzigjährigen sagen daher zwar ganze sechzig Prozent, dass sie religiös sind, bei den Menschen unter dreißig sind es hingegen nur achtundzwanzig Prozent, die sich zu Gott bekennen. Angesichts des Austritts-Tsunamis, der Jahr für Jahr die Menschen aus den Kirchen spült, schrieb der Autor und Theologe Manfred Lütz 2010 im Magazin *Chrismon*: »Es ist Kirchenkrise, Christentumskrise, Gotteskrise.«

Vor allem aber sind wir wohl in einer Glaubenskrise. Besonders die junge Generation hat Gott die Gefolgschaft aufgekündigt: Nur noch siebenunddreißig Prozent der Jugendlichen glauben an den Allmächtigen, wie die aktuelle Shell-Studie zeigt. Ganz überraschend erscheint uns diese Entwicklung nicht. Wer wie wir nach der Mitte des vergangenen Jahrhunderts geboren wurde, ist in einer säkularen Welt aufgewachsen. Unsere Eltern haben uns in einer Zeit immer größerer moralischer Flexibilität für gewöhnlich zum selbstständigen Denken erzogen: In den Siebzigern wurden wir mit Flowerpower, dem Nahostkonflikt und dem Schulmädchen-Report groß, in den Achtzigern mit androgynem Boy-George-Pop, Emma-Feminismus und Friedensdemos und in den Neunzigern mit Kurt Cobain, Love Parade und Internetmodem. Im Zuge der immer freieren Entscheidung für oder gegen Glauben haben sich unsere Erzeuger dann oft auch selbst von den Zwängen der religiösen Erziehung befreit: Viele unserer Eltern haben für sich beschlossen, dass sie den Glaubensdrill, den sie vielleicht selbst noch erduldet haben, nicht mehr an ihre Kinder weitergeben wollen. Wer seine Kindheit im Osten

Deutschlands verbracht hat, machte zudem in vielen Fällen die Erfahrung, wie der Gottesglaube von der Diktatur unterdrückt wurde und sich erst gar nicht im Alltag verankern konnte.

Die meisten von uns sind daher in einer Welt groß geworden, in der ein Leben in Demut vor dem Herrn nicht mehr zum Lifestyle passt – wir wollen heute eben nicht erst am siebten Tag chillen, sondern dann, wenn es uns genehm ist, und sonntags lieber ausschlafen, anstatt in aller Herrgottsfrühe in den Gottesdienst zu rennen. Religion ist für viele im Alter zwischen null und fünfzig nur noch ein Relikt aus längst vergangener Zeit, ein Oldtimer, von dem wir annehmen, dass er bald in der Schrottpresse der Geschichte landen wird.

Sogar unser Körper passt sich dem kirchenfernen Lebenswandel an: Wer als Kind nicht auf den Glauben an Gott geeicht wird und ohne religiöses Bezugssystem aufwächst, kann den heißen Draht zum Herrn im Hirn später nur schwer aktivieren. Dies zeigt ein Experiment der Theologin Nina Azari, die die Hirnaktivität von Atheisten und Gläubigen untersucht hat. Die Probanden sollten einen der Evergreens der Bibel rezitieren, den Psalm 23 »Der Herr ist mein Hirte, mir wird nichts mangeln«. Während bei den Gläubigen bestimmte Hirnareale ansprangen, die Selbst- und Fremdwahrnehmung, Aufmerksamkeit, Lernen, Erinnern und die Einschätzung sozialer Relationen steuern, ging bei den Atheisten kein Stern über Bethlehem auf. Im Gegensatz zu anderen Glaubensforschern kam Azari so darauf, dass es keine alleinige physische Grundlage dafür geben kann, ob jemand glaubt oder nicht. Neurotheologen wie Andrew Newberg oder Michael Persinger sorgten nämlich für Aufsehen, weil sie meinten, sie hätten im menschlichen Gehirn ein Areal entdeckt, mit dem wir Gott wahrnehmen können. Azari ist hingegen überzeugt, dass das alleine nicht reicht: »Religiöse Erfahrung wird von früheren und gegenwärtigen Überzeugungen strukturiert.« Ob uns beim Beten oder im Gottesdienst gelegentlich die Erleuchtung ereilt, hängt also ganz wesentlich davon ab, wie unser Umfeld uns geprägt hat und mit welchen Werten und Vorstellungen wir ausgestattet sind.

Gottesunterwürfigkeit und Gebetsglück sind daher für alle, die nicht von der Fraktion Fromm aufgezogen wurden, ein mehr oder minder fremdes Konzept und die Kirche mit all ihren Riten und Geboten eine seltsam anmutende Organisation. Ein allwissendes, überirdisches Wesen als Schöpfer der Welt? Das war für uns nie mehr als eine mittelmäßige Kirmesattraktion. Wir glauben nicht mehr daran, dass regelmäßige Kirchenbesuche und Gebete die Chancen auf ein himmlisches Nachleben großartig steigern – Songs wie »Paradies« von den Toten Hosen oder »Highway to Hell« von AC/DC kennen wir besser als gediegene Kirchenlieder, und das Internet als unsichtbares allwissendes Netz kommt uns plausibler vor als der Mann auf der Wolke. Wir haben für uns beschlossen, dass man auch wunderbar ohne himmlischen Beistand durchs Leben kommt. Wir sind eine Generation ohne Gott, eine Generation Gottlos.

> »Was das Glück betrifft, so haben weder Erfahrung
> noch Beobachtung in mir den Eindruck erweckt,
> dass Gläubige im Durchschnitt glücklicher oder
> unglücklicher seien als Glaubenslose.«
> Bertrand Russell

Natürlich haben auch wir Gottlosen in der Schule einen Grundkurs über die wichtigsten Funktionen des Christentums genossen, allerdings ohne damit richtig warm zu werden. Von strenger Glaubenslehre konnte im Religionsunterricht ohnehin nicht die Rede sein, denn bis zur siebten Klasse redete man nur über die Wunder Jesu und die Abenteuergeschichten in der Bibel. Spätestens mit der Pubertät begannen wir unbequeme Fragen zu stellen, die unsere Lehrer in Erklärungsnot brachten. Und daher gab es im weiterführenden Religionsunterricht oft keine theologische Tiefenschürfung, sondern Fragen zu beliebten sozialen Diskussionsstoffen wie Arbeitslosigkeit, Hunger in der Welt, Todesstrafe und Sterbehilfe – alles wurde über drei Ecken auf die christliche Moral heruntergebrochen. Heute kommt es uns darum ganz normal vor, wenn zu allen möglichen sozialen Problemen immer auch ein Kirchenmann seinen Senf in der Talkrunde dazugibt.

An der schulischen Seichtheit des Religionsunterrichts hat sich in den letzten Jahrzehnten nicht viel geändert: Da dieser im bundesdeutschen Föderalismus Sache der Länder ist und Religion in neuen Bundesländern wie Brandenburg und Berlin nicht als ordentliches Lehrfach gilt, sind Schüler mal mehr, mal weniger verpflichtet, die Religionsstunden zu besuchen. Wer sie abwählen kann, flüchtet oft so schnell wie möglich in den Ethik- oder Weltanschauungsunterricht. Gefährdet also schon die Struktur unseres Bildungssystems das Christentum? Der Ansicht war 2006 jedenfalls die Bürgerinitiative ProReli. Sie lehnte sich dagegen auf, dass in Berlin Ethik Pflicht und Religion nur Kür war. Das Volksbegehren wurde aber zur Schlappe für den Glauben, der

Religionsunterricht blieb eine freiwillige Veranstaltung. In der Multikulti-Metropole keine große Überraschung.

»Gott weis alles, ich weis nichts.«
ANTWORT IN EINER RELIARBEIT

»Gott bekommt eine Eins und du eine Sechs.«
KOMMENTAR DES LEHRERS

Die immer freiheitlichere Einstellung zur Religion lässt im Paradies die Früchte schimmeln: 2008 waren 34,6 Prozent der Menschen hierzulande ohne Konfessionsfahrschein unterwegs, Tendenz steigend. Die Menschen, aus denen die beiden größeren Tortenstücke des Diagramms bestehen, gehören offiziell einer der beiden christlichen Konfessionen an – 29,6 Prozent waren als evangelisch, 29,7 Prozent als katholisch gemeldet –, doch ob sie alles glauben, was ihnen erzählt wird, darf man bezweifeln.

»Die Mehrheit hat einen diffusen Glauben und merkt gar nicht, wenn sie sich in Widersprüche verwickelt«, erklärt der Werteforscher Thomas Gensicke von TNS Infratest. So stimmte in einer Befragung die Mehrheit der Gläubigen dem Satz zu: »Gott kennt und schützt mich persönlich.« Bei der nächsten Frage verkündeten sie aber schon das genaue Gegenteil: »Gott hat die Welt zwar erschaffen, aber er nimmt keinen direkten Einfluss auf das tägliche Leben.«

Vielleicht gehören Sie ja auch zu den Unsicheren oder Zweifelnden. Dann befinden Sie sich in prominenter Gesellschaft: Selbst im Fall der seligen Mutter Teresa hat man posthum herausgefunden, dass sie große Zweifel umtrieben. Briefe aus ihrem Nachlass zeugen davon, sie schreibt: »Es herrscht eine solche Dunkelheit, dass ich wirklich nichts sehen kann – weder mit meinem Geist noch mit meinem Verstand – der Platz Gottes in meiner Seele ist leer – In mir ist kein Gott«.

Wenig erstaunlich, dass auch manchen Profichristen Zweifel kommen. Wer sich mit der Frage nach Gott auseinandersetzt – egal ob gläubig oder gottlos –, kommt zu keinem befriedigenden Ergebnis, ohne die Logik als Rauchopfer darzubringen. Kein Grund, sich für doof zu halten. An der Thematik haben sich vor uns schon viele schlaue Köpfe das Hirn zermartert, ohne zu einem allgemeingültigen Ergebnis zu kommen: Platon, Sokrates, Kant, Hegel, Nietzsche und viele andere. Schon Aristoteles meinte, dass es eine Ursache aller Dinge geben müsste, und vermutete dahinter göttliches Wirken. Thomas von Aquin glaubte, dass allein die Komplexität und die – wie er meinte – sinnvolle Ordnung der Welt ein Beleg für einen Schöpfer seien. Und Anselm von Canterbury und René Descartes genügte die reine Fähigkeit, sich Gott als höchstes aller Geschöpfe vorstellen zu können, als Beweis für dessen Existenz – das ist ungefähr so, als würde man sich zum Millionär ausrufen, nur weil man sich die Summe ganz gut auf seinem Konto vorstellen kann.

Bei den meisten dieser Gottesbeweise muss man schon die linke Gehirnhälfte ausschalten, um nicht ins Zweifeln zu geraten. Der französische Philosoph Blaise Pascal schlug deshalb vor, einfach aufs Geratewohl an Gott zu glauben. Man gehe ja kein Risiko ein, weil man nichts verliere, wenn im

Himmel keiner wohnt. Dafür stünde man aber auf der richtigen Seite, sollte er doch existieren. »Setzen Sie also ohne zu zögern darauf, dass es ihn gibt«, war Pascals Rat. Man würde dem Mann ja um des lieben Friedens willen Recht geben, würden Religionen nicht dauernd dazu benutzt, Menschen zu manipulieren und sie im Namen des Herrn auf krumme Gedanken zu bringen. In Frage steht auch, ob Gott über solche Schlitzohrigkeit nicht ohnehin die Nase rümpfen würde. Wer unsere heutige Welt betrachtet, dem kommt es mitunter jedoch ziemlich unwahrscheinlich vor, dass dieser allwissende und allmächtige Befehlshaber überhaupt existiert.

»Glauben und Wissen verhalten sich wie zwei Schalen einer
Waage: In dem Maße, als die eine steigt, sinkt die andere.«
ARTHUR SCHOPENHAUER

In unserer Generation, die im Geist der Wissenschaften, mit ständiger Informations- und Nachrichtenberieselung und in frühen Jahren mit den Erklärbären von der *Sendung mit der Maus* und *Löwenzahn* aufgewachsen ist, haben es himmlische Fantasiereiche und löchrige Gottesbeweise doppelt schwer. Schulen und Universitäten predigen selbstständiges Denken und ermuntern uns, eigene Schlüsse zu ziehen. Wir setzen daher lieber auf logische Beweisketten und hinterfragen jeden, der meint, im Besitz einer allgemeingültigen, ewigen Wahrheit zu sein. Vielleicht haben wir deshalb den Respekt vor Gott verloren: In Enzyklopädien und Onlinelexika wie

Wikipedia ist er kein von jahrtausendealten Texten verklärter, mystischer Weltenlenker mehr, sondern eine von vielen Ideen aus der Menschheitsgeschichte, die in nüchternem Ton beschrieben wird. Filmkomödien wie *Mel Brooks – Die verrückte Geschichte der Welt* veralbern die göttliche Geschichte wie ein schlechtes B-Movie, und witzige Dokus wie *Religulous* zeigen uns die absurden Seiten des Glaubens. Religion ist kein Tabu mehr, sondern etwas, das man kritisch und mit einem Schmunzeln betrachten darf.

So leuchtet uns auch die Religionsparodie des Philosophen und Mathematikers Bertrand Russell unmittelbar ein. Dieser wandte 1952 das Grundprinzip aller Religionen auf ein winziges Warmwasserbehältnis an: »Wenn ich behaupten würde, dass es zwischen Erde und Mars eine Teekanne aus Porzellan gäbe, welche auf einer elliptischen Bahn um die Sonne kreise, so könnte niemand meine Behauptung widerlegen, vorausgesetzt, ich würde vorsichtshalber hinzufügen, dass diese Kanne zu klein sei, um selbst von unseren leistungsfähigsten Teleskopen entdeckt werden zu können«, schrieb er. »Wenn jedoch in antiken Büchern die Existenz einer solchen Teekanne bekräftigt würde, dies jeden Sonntag als heilige Wahrheit gelehrt und in die Köpfe der Kinder in der Schule eingeimpft würde, dann würde das Anzweifeln ihrer Existenz

zu einem Zeichen von Exzentrizität werden.« Mit seiner Teekanne schob Russell die Beweislast den Religionen zu. Denn wenn man nicht an Gott glaube, so Russells Kernaussage, stehe man vor dem Problem, dass man die Nichtexistenz von etwas, das nicht existiert, schwer nachweisen kann. Nach dem wissenschaftlichen Prinzip sollte also derjenige die Behauptung beweisen, der sie aufstellt.

Und das klingt in unseren Ohren nur fair. Immerhin müssen die Anhänger von Nessie auch Fotobeweise beibringen, wenn sie uns weismachen wollen, dass es das Ungetüm im Loch Ness gibt. Einen richtigen Beweis für Gottes Existenz haben wir noch nicht gesehen. Und viele Mitglieder der Generation Gottlos finden, dass einfach zu viele Tatsachen gegen das Vorhandensein einer höheren Macht sprechen. Seien wir ehrlich: Würde es wirklich einen Sinn ergeben, wenn es einen Weltenlenker gäbe, der einen chaotischen Laden wie unsere Erde leitet?

»Auf Gott können wir keine Rücksicht nehmen!
Ebenso wenig wie die organisierten Religionen
Rücksicht auf Tatsachen nehmen!«
OBERSCHULRAT VON SPRINGFIELD IN ›DIE SIMPSONS‹

Warum ist es ein göttliches Wunder, wenn nach dem Erdbeben in Haiti ein Vierundzwanzigjähriger nach Tagen lebend aus den Trümmern geborgen wird? Wenn Gott ihn gerettet hat, warum hat er dann über hunderttausend andere sterben lassen – das ergibt doch keinen Sinn, oder? Und warum sollte er mit ähnlich zerstörerischer Macht in Neuseeland ausgerechnet ein Städtchen dem Erdboden gleichmachen, das den Namen Christchurch trägt? War er etwa angefressen, weil die Bewohner die Namensrechte nicht mit ihm abgeklärt hatten? Wer lässt zu, dass die Flippers Musik machen und dass es RTL II gibt? Und wer erschafft eine Welt, in der sich alle Lebensformen gegenseitig umbringen müssen, um nicht zu verhungern? Steckt dahinter der Plan, dass die Besten der Besten als Letztes in den Himmel kommen, oder war Gott beim Schöpfungsakt einfach nur betrunken? So oder so, man muss sich ziemlich schräge Erklärungen ausdenken, um hinter solchen Dingen göttliches Wirken und vor allem einen Sinn zu erkennen. Welche himmlische Fügung mag zum Beispiel all die Kinder in die Hände von Priestern geführt haben, die sie dann missbrauchten? Wenn Gott allmächtig ist, hätte er doch zumindest eine Verwarnung für seine Angestellten aussprechen müssen.

Solche Überlegungen werden gemeinhin unter dem Begriff Theodizee zusammengefasst. Dahinter steckt die Frage: Warum lässt Gott so viele krasse Übel in der Welt zu? Entweder er will uns zwar unter die Arme greifen, kann es aber nicht – ist also gütig, aber nicht allmächtig. Oder er könnte all die Übel beheben, lässt es aber trotzdem bleiben – dann ist er zwar allmächtig, aber nicht von der netten Sorte.

Der derzeit bekannteste Verteidiger auf Gottes Seite ist der Fundamentaltheologe Armin Kreiner. Seine These: Da alles auf der Erde voneinander abhängig sei, könne auch Gott nicht einfach gegen die Gesetze der Natur verstoßen. »Dieselben Naturgesetze, die unsere Existenz ermöglichen«, sagt er in einem Vortrag von 2009, »ermöglichen auch die Entstehung der natürlichen Übel! Wenn man an diesen Naturgesetzen kleine Veränderungen vornimmt, dann landet man in einer komplett anderen physikalischen Welt. Und nur minimale Veränderungen schließen unsere Existenz aus.« Man weiß ja, was passiert, wenn wir die Bienen ausrotten würden – der ganze Planet kippt aus den Latschen. Und genauso, sagt Kreiner, könne Gott für das Leben eines Menschen natürlich nicht die Regeln der Natur außer Kraft setzen, weil dann alles zusammenbräche. Dass Gott den Gegebenheiten hilflos gegenübersteht, ist inzwischen eine gängige Vorstellung. Eine Delegation sächsischer Theologen, die für die *Zeit* Glaubensfragen der Leser beantwortete, schrieb auf die Frage, warum Gott zulasse, dass Kinder sterben: »Möglicherweise hat er der irdischen Welt ein solches Maß an Freiheit geschenkt, dass auch das Böse überall wirksam bleibt: in Krieg, Hass, Gewalt, Tod. Doch sterbende Kinder drückt Gott besonders an sein Herz. Nur für uns sind sie tot.«

Ob er nun allmächtig ist oder nicht, es steht außer Frage, dass Gott sich nach den Schilderungen in der Bibel nur mit Mühe das Beiwort »lieb« verdient hat. Niemand kann sagen, er hätte nicht gewusst, auf wen er sich da einlässt. Immerhin liefert uns die Bibel ein detailliertes Psychogramm Gottes: Er zerstört in Sodom und Gomorrha ganze Städte, treibt seine Anhänger fast so weit, dass sie ihre eigenen Kinder umbringen, und richtet mit der Sintflut einen weltweiten Genozid an. Für den Evolutionsbiologen und Berufsatheisten Richard Dawkins ist Gott daher »ein rachsüchtiger, blutdürstiger Massenmörder, ein frauenfeindlicher, homophober, rassistischer, kindermordender, völkermordender, sohnmordender, verpesteter, größenwahnsinniger, sadomasochistischer, launenhaft übelwollender tyrannischer Rüpel«.

Das Argument, der Gott des Neuen Testaments sei besser als der des Alten, entkräftigt die Bibel im Übrigen schon selbst, indem sie ihren Gott als unwandelbar und absolut vollkommen preist, wie unter anderem im Brief des Jakobus zu lesen ist: »Lasst euch nicht irreführen, meine geliebten Brüder; jede gute Gabe und jedes vollkommene Geschenk kommt von oben, vom Vater der Gestirne, bei dem es keine Veränderung und keine Verfinsterung gibt.« (Jak 1, 16-17)

Dieses Neue Testament, oft als Botschaft der Liebe und Vergebung gerühmt, ist ganz und gar nicht ohne. »Die Bibel – und zwar nicht nur das Alte, sondern auch das Neue Testament – ist in zentralen Teilen ein gewalttätig-inhumanes Buch, als Grundlage einer heute verantwortbaren Ethik ungeeignet«, schreibt Franz Buggle in *Denn sie wissen nicht, was sie glauben* und zählt als Beweis zahlreiche Belege für die Ausmalung schlimmster Höllenstrafen und den Aufruf zur Verfolgung von Atheisten, Häretikern, Juden und Geisteskranken auf. Darüber hinaus prangert Buggle die Diskriminierung von Frauen und das Lob der Sklavenhaltung auch im Neuen Testament an. Wenn man die Bibel liest, wird schnell klar, dass dieser Gott weit unter unseren heutigen ethischen Mindeststandards agiert und eigentlich ein Fall für den Internationalen Gerichtshof von Den Haag wäre.

»Es gibt wohl keinen guten Vater,
der unserem himmlischen Vater gleichen möchte.«
Denis Diderot

Es wäre nicht das erste Mal, dass Gott Ärger mit der Justiz bekäme: Senator Ernie Chambers aus dem amerikanischen Bundesstaat Nebraska reichte 2007 kurzerhand vor dem Bezirksgericht Omaha Unterlassungsklage gegen den Allmächtigen ein. Gott sollte auf diesem Wege verboten werden, die Menschen mit »zerstörerischen Aktionen« wie Erdbeben, Stürmen, Hunger und Dürre zu terrorisieren. Auch die Androhung solcher Aktionen sollte ihm unter Strafe gestellt werden. Eine weitere Klage kam aus Rumänien, wo der verurteilte Mörder Mircea Pavel Gott wegen »Betrugs, Vertrauensbruch und Korruption« vor den Kadi zerren wollte. »Während meiner Taufe bin ich einen Vertrag mit dem Beschuldigten eingegangen, der mich vor dem Bösen bewahren sollte«, so Pavel – außerdem habe er Gott nicht nur mit Gebeten beschworen, sondern ihm auch Sachwerte überlassen. Das Gericht lehnte die Klage ab – allerdings nur mit der Begründung, dass Gott als juristische Person keine Anschrift habe. In Brasilien wurde im Mai 2002 noch ein Mitglied der Dreifaltigkeitsbande angeklagt: Richter Wellington Carvalho las auf einem Autoaufkleber den Spruch: »Jesus Christus, der beste Weg!«, und hielt dies für illegale Straßenwahlwerbung.

Ob der Allmächtige vors Höchste Gericht kommt oder nicht – vielleicht dient sein Wirken ja doch einem höheren Zweck, selbst wenn es uns bisweilen kriminell vorkommt. Das zumindest ist der Ansatz, den die Theologie verfolgt. Sie unterstellt dem Normalbürger, den Grund für das Übel nur nicht verstehen zu können, er solle aber im Leiden einen höheren Sinn sehen.

Papst Benedikt XVI. ist überzeugt: ohne Leiden keine Erlösung. »Nicht die Vermeidung des Leidens, nicht die

Flucht vor dem Leiden heilt den Menschen, sondern die Fähigkeit, das Leiden anzunehmen und in ihm zu reifen, in ihm Sinn zu finden durch die Vereinigung mit Christus, der mit unendlicher Liebe gelitten hat«, sagt er in seiner zweiten Enzyklika *Spe Salvi*.

»Leiden ist ein Geschenk«, befand auch Mutter Teresa, die angeblich die Vergabe von Schmerzmitteln an ihre armen Patienten oft abgelehnt hat, »denn es gestattet ihnen, ihr Leid mit Christus zu teilen. Das ist sehr schön.« In einem Film über ihre Arbeit erzählte sie, wie sie eine Krebspatientin tröstete: Die starken Schmerzen, unter denen diese litt, seien ein »Kuss von Jesus – ein Zeichen, dass Sie Jesus am Kreuz so nahe sind, dass er Sie küssen kann«. Die Patientin antwortete ihr daraufhin: »Sagen Sie Jesus, dass er aufhören soll, mich zu küssen.«

»Nacktduschen widerspricht katholischer Moral.«
GENERALVIKARIAT KÖLN

Sollen sich nun alle Menschen mit schweren Krankheiten freuen, oder müssen gar Kriegsversehrte es begrüßen, wenn ihnen eine Tellermine die Beine abgerissen hat? Diese Frage erscheint zynisch – genau wie viele der mühsam konstruierten Erklärungsversuche, wenn man sie außerhalb des christlichen Wertesystems vernimmt.

Einige besonders radikale Gottesanhänger suchen den Grunf für unfassbar schlimme Geschehnisse deshalb auch oft nicht im göttlichen Quell der Liebe, sondern in göttlichen

Tobsuchtsanfällen: Gott bestraft die Menschen, weil sie ihm nicht gehorchen. So sahen einige amerikanische Christen im Ausbruch des Eyjafjallajökull die Strafe Gottes für die Finanzkrise. Eva Hermann entdeckte im Unfall auf der Loveparade 2010 das Walten höherer Mächte: »Eventuell haben hier ja auch ganz andere Mächte mit eingegriffen, um dem schamlosen Treiben endlich ein Ende zu setzen«, schrieb sie kurz nach den Geschehnissen auf der Seite ihres Verlages. Und Richard Williamson, seines Zeichens Holocaust-Leugner und Bischof der Pius-Brüder, behauptete sogar, dass Gott mittels seiner Gewalt über tektonische Platten die Japaner 2011 für ihre Sünden bestraft habe.

So oder so – wenn man weder an einen höheren Plan glaubt noch an die Rache eines Einzeltäters, dann wäre ein Gott, der über eine so fehlerhaft konstruierte Erde befiehlt, nur ein Typ wie wir: solide Halbbildung, wenig gesellschaftlicher Einfluss, von lauter Idioten umzingelt, Deadline für die Schöpfung verpennt, deshalb noch schnell alles fertig geschusselt, in der Hoffnung, dass es keinem auffällt. Dass es sich um »die beste aller möglichen Welten« handelt, wie Leibniz einmal zur Rechtfertigung Gottes meinte, glaubt jedenfalls mittlerweile niemand mehr. Hungersnöte, Atomwaffen, Kriege, Kriminalität – all die anderen möglichen Welten müssen doch wirklich hundsmiserabel schlecht sein, um das noch zu toppen?!?

Die Generation Gottlos redet deshalb nicht mehr über Gott, geschweige denn mit ihm: Nur noch ein knappes Drittel der Menschen unter neunundzwanzig Jahren wählt per Gebet regelmäßig die Notfallhotline des Allmächtigen – alle anderen senden allenfalls noch bei den Lottozahlen und beim Elfmeterschießen im Endspiel der Fußball-wm Stoßgebete gen

Himmel. Warum sollte man auch jemanden anbeten, der eh nichts für einen tun kann und nur dann und wann jemanden nach dem Zufallsprinzip rettet? Das wäre ähnlich zielführend wie eine philosophische Debatte mit der automatischen Sprachsteuerung einer Telefonhotline. Außerdem löst sich das Theodizee-Problem praktischerweise schlicht in Luft auf, wenn man davon ausgeht, dass es gar keinen Gott gibt. Und schließlich fragen wir uns als Fitnessjunkies natürlich auch, wozu Beten letztlich gut sein soll. Die Gottesanrufung verbrennt nämlich gerade mal sechsunddreißig Kalorien, damit liegt sie weit abgeschlagen hinter Zähneputzen mit vierundsiebzig Kalorien und Himmel-und-Hölle-Hüpfen mit einhundertfünfundachtzig Kalorien.

Wir sind »metaphysische Exilanten«, wie Kardinal Meisner die deutsche Jugend einmal nannte. Viele von uns sind sich mittlerweile sicher, dass der Allmächtige nicht tot ist, wie Nietzsche einmal meinte, sondern dass er nie existiert hat. Wir bräuchten Beweise, aber er meldet sich nie, schreibt keine SMS, und bei Facebook hat er auf deutschsprachigen Seiten nie mehr als dreihundert Freunde – weit weniger als Karel Gott und Thomas Gottschalk. Wer sich von uns nicht mehr dem christlichen Clan zugehörig oder von der Kirche gegängelt fühlt, der lehnt sich immer öfter auch dagegen auf, ein religiöses Konzept übergestülpt zu bekommen. Rainer Ponitka aus Lindlar, der den Ketzerstammtisch im Rheinland organisiert, ist so ein Fall. Die Kirche war ihm egal – bis sein Sohn Angst vor dem kleinen gekreuzigten Mann im Klassenzimmer bekam. Er bat die Lehrerin, den christlichen Gegenstand abzuhängen – ohne Erfolg, bis er ein passendes Gerichtsurteil vorzeigte. Im Ort gingen viele für die Kreuze auf die Barrika-

den, bis die Pädagogin herausfand, dass Christus nur Zutritts-
verbot zu den Räumen hatte, die Ponitkas Sohn regelmäßig
aufsuchte. »Mein Anliegen trat einen Sturm der Empörung
los, der mir unverhältnismäßig vorkam«, sagt Ponitka, der
sich daraufhin dem Internationalen Bund der Konfessionslosen und Atheisten (ibka e.V.) anschloss. In Deutschland haben sich in den letzten Jahren eine ganze Reihe atheistischer
und humanistischer Verbände organisiert und 2010 unter
dem Dachverband des Koordinierungsrats säkularer Organisationen, kurz KORSO, zusammengeschlossen. Dazu gehören
unter anderem der Humanistische Verband Deutschlands
(HVD) und die Giordano Bruno Stiftung zur Förderung des
evolutionären Humanismus, der viele Prominente aus Kultur
und Wissenschaft angehören, darunter die Zeichner Janosch,
Gerhard Haderer und Ralf König, die Schriftstellerinnen
Karen Duve und Esther Vilar sowie der Hirnforscher Wolf
Singer und der Lebensmittelchemiker Udo Pollmer. Sie setzen sich dafür ein, die Privilegien der Kirche abzuschaffen
und die Menschen zu vertreten, die keinen Glauben haben.

> *»Wenn Sie Ihr Kind vor Kinderlähmung bewahren wollen,*
> *können Sie beten oder es zur Schluckimpfung schicken ...*
> *Probieren Sie es mit der Wissenschaft.«*
> CARL SAGAN

Ein beliebtes intellektuelles Mittel der Auflehnung gegen
allzu widerstandsfähige Religionsvorstellungen ist die hohe
Kunst der Ironie. Unter Gottlosen erfreuen sich deshalb soge-

nannte Spaßreligionen immer größerer Beliebtheit, die den Glauben ad absurdum führen. So postulieren die »Pastafari«, deren Religion Anfang des neuen Jahrtausends aus Nordamerika zu uns herüberschwappte, dass die Erde und die Menschen vor vielen Tausend Jahren von einem fliegenden Spaghettimonster erschaffen wurden, das Hinweise auf eine Evolution nur gestreut habe, um uns zu verwirren. Gebete beenden die Gläubigen mit dem Wort »Ramen«, dem Namen einer asiatischen Nudelsuppe, und am Passtahfest essen sie Unmengen Nudeln. Nach dem Ableben hält »Seine Nudligkeit« im Jenseits einen Biervulkan und eine Stripperfabrik parat.

Ganz ähnlich funktioniert die von Studenten gegründete Religion um das rosafarbene unsichtbare Einhorn, einer Göttin, die eine Vorliebe für Pizza mit Ananas und Schinken hegt. Anhänger des Einhorns glauben, dass es seine Zuneigung dadurch ausdrückt, dass es Socken aus der Waschmaschine verschwinden lässt. Andere Satirereligionen wie das »Intelligent Falling« behaupten, dass es keine Gravitationskraft gibt und alle Dinge von einer höheren Instanz auf den Boden gedrückt werden. Der sogenannte Diskordianismus hingegen versteht sich als Philosophie gegen Zwang, Autoritäten und Traditionen. Die Angehörigen dieses Pseudoglaubens verehren die Zahl Fünf und das Paradoxe. Eines ihrer fünf Gebote, die Pentabarf (*penta* gr. fünf, *barf* engl. kotzen) genannt werden, lautet: »Ein Diskordier ist am ersten Freitag nach seiner Illumination dazu verpflichtet, alleine nach draußen zu gehen, um voller Freude eines Hot Dogs teilhaftig zu werden; diese Zeremonie dient dazu, gegen die beliebten Heidentümer dieser Tage zu protestieren: gegen die katholische Christenheit (freitags kein Fleisch), das Judentum (kein

Fleisch vom Schwein), den Hinduismus (kein Fleisch von der Kuh), den Buddhismus (kein Fleisch von Tieren) und den Diskordianismus (keine Hot-Dog-Brötchen).«

Wer sich nicht viel vorschreiben und es lieber gemütlich angehen lassen will, schließt sich dem Dudeism an, der am »langsamsten wachsenden Religion der Welt«. Ihr Messias ist der »Dude« aus dem Kultfilm *The Big Lebowski*. Ihm geht alles am Arsch vorbei. Die Bibel des Dudeism ist daher folgerichtig das »Take-it-easy-Manifesto«.

Die meisten dieser Religionspersiflagen nehmen sich nicht wirklich ernst. Viele sind in den USA entstanden, als Gegenbewegung zum Kreationismus, dem »Intelligent Design«, das die Evolution abstreitet und diese am liebsten aus dem Schulunterricht verbannen würde. Bei der Betrachtung von Einhorn, Spaghettimonster und Co. fragt man sich jedoch unwillkürlich, warum eigentlich ausgerechnet der Gott des Christentums der Richtige sein soll.

> *»Es gibt nur eine Religion,*
> *aber davon hundert verschiedene Versionen.«*
> George Bernard Shaw

Denn es gibt immerhin Tonnen anderer Götter, die in der Vergangenheit von Millionen Menschen weltweit als echt verehrt wurden und werden. Glaubten die alle das Falsche? Und was ist überhaupt aus all den Gottheiten geworden, die inzwischen keiner mehr anbetet, sind die in Rente gegangen oder arbeiten sie an ihrem Comeback?

Was macht eigentlich …?

*Beliebte Götter der Menschheitsgeschichte
und was aus ihnen geworden ist*

NEPTUN

Römer. Wohnte einst in den Tiefen des Meeres und wurde
von den Seefahrern wegen seiner üblen Launen gefürch-
tet. Direkter Amtsnachfolger des Griechen Poseidon. Das
ein oder andere Erdbeben geht auch auf sein Konto. Eine
seiner Hauptbeschäftigungen: Kinder zeugen.

Was er heute macht: Hartz-IV-Empfänger, seitdem er bei der Wasserqualität geschlampt
hat. Die Behörden fanden, die Weltmeere
seien als Behausung angesichts der Er-
werbssituation unangemessen. Ist nun in
ein kleineres Binnenmeer umgezogen. Seitdem die Kinder aus dem Haus sind, Amphitrite ihn für einen jüngeren
Gott verließ und keine Amphoren Bier mehr im Kühlschrank
sind, ist er darauf angewiesen, dass Hobbysegler vorbeikom-
men und im Gedenken an ihn bei jedem Törn eine Pulle Bier
ins Wasser leeren.

ZEUS

Grieche. Ließ sich gerne als alter Mann mit Rauschebart por-
trätieren und schleuderte Blitze vom Himmel. Früher Vorsitzender der griechischen Göttervereinigung Pantheon e.V.
Bestritt heroische Kämpfe mit Titanen, Giganten und anderem Kroppzeug. Von den Menschen als Allround-Gott verehrt,
als Vater der Menschen und aller anderen Götter, Herrscher
über Wetter und Schicksal. War mit seiner Schwester verhei-

ratet, liebte Tiersex und setzte als Kuckuck, Schwan, Stier und Schlange mit vielen Frauen viele Nachkommen in die Welt.

Was er heute macht: Wechselte mit der Einführung des Monotheismus in seinem Land in die Privatwirtschaft und baute ein globales Imperium auf. Heute Besitzer und Vorstandsmitglied zahlreicher Stromfirmen. Will nach der japanischen Atomkrise zukünftig in Solarenergie und machen. Unverwechselbares Label seiner Produkte: der Blitz.

HORUS

Ägypter. Einer der wichtigsten Götter bei den alten Pyramidenbauern. Durch eine Laune der Natur mit einem Falkenkopf ausgestattet. Zuständig für Kriegsführung, daher besonderes Vorbild des amtierenden Pharaos.

Was er heute macht: Noch immer der Star am Himmel mit der Fluglinie EgyptAir, die seinen Kopf als Logo auf die Maschinen pinseln lässt (Geschäftsleute wie er selbst fliegen natürlich Horus-Class). Lebt statt in Kairo inzwischen in Köln, weil er sich mit seinem Vogelkopf dort wenigstens an Karneval auf die Straße trauen kann.

THOR

Germane und Meister des Multitaskings. Er arbeitete nämlich gleichzeitig als Wettergott, Pflanzengott und Beschützer der Welt. Seine private Liebe gilt dem Motorsport, lange vor Schumi und Vettel fuhr er den Donnerwagen. Bekannt für seinen großen Hammer.

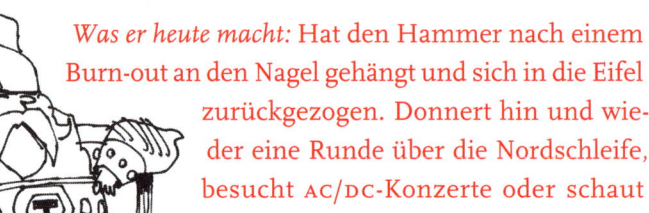

Was er heute macht: Hat den Hammer nach einem Burn-out an den Nagel gehängt und sich in die Eifel zurückgezogen. Donnert hin und wieder eine Runde über die Nordschleife, besucht AC/DC-Konzerte oder schaut sich alte Folgen von Sledge Hammer an.

Egal welchen Gott man sich als oberste Instanz vorstellt, es gibt kein Update, das genügend an moderne Zeiten angepasst wäre, um Street Credibility zu besitzen.

Könnten Sie sich allen Ernstes vorstellen, sich einem himmlischen Diktator zu unterwerfen und Ihr Leben ganz nach seinem Willen auszurichten? Wir sind ein selbstbestimmtes Leben gewohnt – ein »imaginäres Alphamännchen«, wie der Philosoph und Kirchenkritiker Michael Schmidt-Salomon Gott nennt, braucht daher heute niemand mehr. Mehr als die Hälfte der Erwachsenen wollen ein »eigenständiges, selbstbestimmtes Leben frei von Religion und dem Glauben an einen Gott, das auf ethischen und moralischen Grundüberzeugungen beruht«, ergab eine Umfrage von Forsa. Ein Problem, das Weihbischof Bernhard Haßlberger nicht fremd ist. »Es ist generell in unserer Gesellschaft so, dass Menschen eine Skepsis gegenüber großen Organisationen haben«, sagt der Vorsitzende der Jugendkommission der deutschen Bischofskonferenz. »Das hat wohl auch etwas mit der Geschichte hierzulande zu tun.«

Selbst wenn man grundsätzlich nicht an Gott zweifelt, gibt es heute nur wenige Gründe, ihn in der stramm verplanten Freizeit aufzusuchen. Unsere Eltern haben uns schon in frühester Jugend daran gewöhnt, aus einem überbordenden Entertainmentprogramm auszuwählen, und die Nachmittage mit Stabhochsprung, Bratschenunterricht und Mandarin-Chinesisch vollgestopft. Heute konkurrieren traditionelle kirchliche Angebote wie die »Männergruppe Adam's Ecke«, die »Handarbeitsgruppe Nadelöhr« oder »Frauen lesen Bibel anders«, die »Fidelen Kegelfreunde« und die »Jungen-Jungschar« mit wesentlich zeitgemäßeren Vergnügungen wie 3D-Kino, Wii-Abenden und Public Viewing. Fidel sind wir lieber unter Mitwirkung von Jagertee beim Après-Ski, wo wir mit Micki Krause »Danke für diesen guten Morgen« zum fetten Beat singen können.

»Deutschland ist eines der am wenigsten christlichen Länder Europas, und in Berlin fühle ich mich wie in einer heidnischen Stadt.«

KONRAD ADENAUER

Alles, was keinen Spaß macht, fliegt bei uns gnadenlos von der To-do-Liste. Staubtrockene Predigten in unterkühlten Bauwerken vergangener Jahrhunderte laufen deshalb meistens unter unserem Radar. »Dass die Kirche nicht mehr attraktiv ist, hat wohl auch etwas damit zu tun, dass gerade junge Menschen unsere Gottesdienste oftmals als langweilig empfinden«, muss auch Weihbischof Haßlberger zugeben. »Da wünschte ich mir auch manchmal, dass die Lieder etwas flotter gesungen werden.«

Aber würde ein flotteres Gemeindeleben mit seinen regelmäßigen Terminen und Pflichten wirklich noch zu unserem Lebensstil passen? Wer von uns noch getauft und in einem kirchlichen Umfeld aufgewachsen ist und nicht zufällig in einer Stadt mit boomender Wirtschaft wohnt, muss spätestens mit dem ersten Job die Heimatgemeinde verlassen. Das Einzige, was am neuen Wohnort in der meist größeren Stadt dann noch an die christliche Gemeinschaft erinnert, ist der schriftliche Monatsgruß der örtlichen Gottesvertreter. Viele könnten auf Anhieb nicht mal sagen, in welcher Himmelsrichtung die Kirche liegt, von der die Postille stammt. Für Besinnliches bleibt uns nämlich nicht viel Zeit, denn diverse Meetings, Geschäftsreisen und ständige Flexibilität zerren an Terminplan und Nervenkostüm. Wer hat abends noch Bock, sich ins Pfarrheim zu schleppen, nachdem man wieder mal die Firma gerettet und als Letzter das Licht im Büro ausgeknipst hat, eine Stunde um den Block fahren musste, um einen Parkplatz zu finden, zu Hause schnell die Fertignudelpackung aufgerissen und mit den Kindern Hausaufgaben gemacht hat?

Es ist Weiberfastnacht. **STEFAN** Während die Jecken 11 Uhr 11 **ERZÄHLT** entgegenfiebern, besuche ich das Amtsgericht, um aus der Kirche auszutreten. Hinter einem aufgeräumten Schreibtisch in Zimmer 1205 erwartet mich ein Engel. Kein echter, sondern die zuständige Sachbearbeiterin, die heute als amtliche Putte geht. Sie hat sich sogar fluffige kleine

Pappflügel auf den Rücken geklebt und einen Heiligenschein mit einem Stück Draht an ihrem Kopf befestigt.

Dies scheint mir ein würdiger Rahmen, um meinen Austritt aus der Kirche zu vollziehen. Nachdem ich die vergangenen zwanzig Jahre als Passivchrist unterwegs war, habe ich meinen Glauben einer Inventur unterzogen und danach beschlossen, unter meine Kirchenmitgliedschaft einen Schlussstrich zu ziehen. Für den Engel ist das nicht viel mehr als ein formaler Akt, den er jeden Tag dutzendfach absolviert, aber für mich ist es das erste Mal. Mir ist daher ein wenig mulmig zumute, denn wer weiß schon, was passiert, wenn man dem Allmächtigen die Freundschaft kündigt. Werde ich einem peinlichen Verhör unterzogen? Mitnichten – es geht leichter als der Abschluss einer Versicherungspolice: Zwei Unterschriften und eine Bearbeitungsgebühr später bin ich raus – aus dem Amtsgericht und aus der Kirche. Die Welt geht nicht unter, es trifft mich kein Blitz. Oder war der Bußgeldbescheid unter meinem Scheibenwischer etwa ein himmlisches Zeichen?

Zwei Wochen später erreicht mich Post von der evangelischen Kirche. Ein Standardschreiben, in dem sinngemäß steht: Schade, dass Sie ausgetreten sind – was soll jetzt aus Ihrem Seelenfrieden und unserem Klingelbeutel werden? Am Ende des Schreibens lädt mich Pfarrer O. zu einem persönlichen Gespräch ein.

Ich muss ehrlicherweise zugeben, dass es mit meiner Glaubensfähigkeit nie weit her war. Zur Konfirmation kann ich nur sagen: Ich war jung und brauchte das Geld. Und obwohl ich nie zu den sonntäglichen Gruppentreffen gegangen bin, blieb ich dabei, es gehörte sich schließlich so. Erst angesichts meines Steuerbescheids habe ich mich gefragt, ob die Mitgliedschaft wirklich sinnvoll ist, wenn man nicht an die Message glaubt. Und selbst wenn, wie hoch stehen die Chancen, dass Gott an der Himmelpforte eine lückenlose Kirchensteuerbescheinigung verlangt?

Mehr aus Neugier als aus Notwendigkeit nehme ich die Einladung von Pfarrer O. daher an und bitte ihn um einen Termin. Vielleicht findet die Kirche ja doch ein paar gute Argumente, mich vom Glauben und vom Wiedereintritt zu überzeugen. Wenige Tage später rauscht eine Mail von Pfarrer O. in mein Postfach. »Herzlichen Glückwunsch, Herr Bonner!«, schreibt er. »Sie sind der Erste, der sich in zwanzig Jahren Dienstzeit auf mein Schreiben gemeldet hat.«

Ich besuche den Kirchenmann an einem Samstagmorgen in seinem Büro. Wir geraten gleich ins Plaudern. Bei einem Kaffee erkläre ich ihm, dass ich mir einfach nicht vorstellen kann, dass ein Gott die ganze Welt erschaffen und dazu noch die individuellen Lebenspläne für Milliarden von Menschen zusammengeschustert haben soll. Das klappt doch nur in Computerspielen wie Populous.

»Wir können uns das so vorstellen: Gott ist transzendent«, erklärt der Pfarrer und deutet aus dem Fenster in den Garten. »Er ist der Grund für alles, was wir sehen. Er ist in den Dingen – in dem Baum dort drüben, dem Teich auf der anderen Seite oder den Wolken am Himmel.«

Für einen Moment erinnert mich Pfarrer O. an Yoda, der Luke Skywalker in *Das Imperium schlägt zurück* erklärt, dass die Macht in allen Dingen ist, die uns umgeben. Ich spüre einen Anflug von Begeisterung.

Pfarrer O. scheint das zu wittern und setzt noch einen drauf. »Gott kann sich zum Beispiel auch in Ihrer Co-Autorin, der Frau Weiss, offenbaren.«

»Muss ich dann vor ihr niederknien?«

»Nein, nein«, beruhigt mich Pfarrer O. »Sie ist ja dann nicht Gott, er ist nur in ihr drin.«

Ob Anne das so recht ist?

Als ich draußen im Sonnenschein stehe, stelle ich verwundert fest, dass nach dem Gespräch mit Pfarrer O. mehr Fragen offen sind als vorher – ich habe das Gefühl, dass seine halbgaren Erklärungen eher pantheistisch sind als protestantisch. Zum Ausstieg aus dem Ausstieg hat mich hier keiner bekehren können.

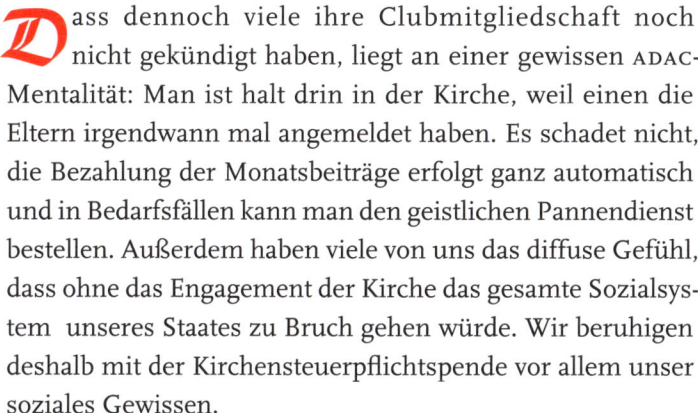

Dass dennoch viele ihre Clubmitgliedschaft noch nicht gekündigt haben, liegt an einer gewissen ADAC-Mentalität: Man ist halt drin in der Kirche, weil einen die Eltern irgendwann mal angemeldet haben. Es schadet nicht, die Bezahlung der Monatsbeiträge erfolgt ganz automatisch und in Bedarfsfällen kann man den geistlichen Pannendienst bestellen. Außerdem haben viele von uns das diffuse Gefühl, dass ohne das Engagement der Kirche das gesamte Sozialsystem unseres Staates zu Bruch gehen würde. Wir beruhigen deshalb mit der Kirchensteuerpflichtspende vor allem unser soziales Gewissen.

Ansonsten wird Kirche für uns allenfalls noch dann cool, wenn sie als Zitat daherkommt: Als stylischer »Wei-Wasser«-Energydrink, als Votivkerze aus dem italienischen Supermarkt oder als modischer Holunder-Weißweinmix »Holy Bowly«, mit dem man sich in den Himmel der Notaufnahme tanken kann.

Den Papst geben wir uns gerne, wenn er als infantile und durchgeknallte Zeichentrickfigur in *Popetown* unser Zwerchfell in Wallung bringt. Die Werbeanzeige der MTV-Serie mit einem vom Kreuz gestiegenen Jesus, der unter dem Slogan »Lachen statt Rumhängen« vor dem Fernseher sitzt, erregte Unbill in christlichen Fraktionen. Für uns umso mehr ein Grund, uns das Spektakel anzusehen: Die erste Folge von *Popetown*, eingebettet in eine Diskussionsrunde mit Kritikern aus Kultur und Kirche, erreichte eine Traumeinschaltquote.

Jesus ist uns dann willkommen, wenn er in der *Bullyparade* seine Jünger durch die Wüste geleitet, die alle fünf Meter aufs Klo müssen oder ein Eis wollen, oder wenn Dirk Bach als Heiland bei »Germanys next Godmodel« von einem Bruce-Darnell-Verschnitt mit den Worten »Baby, so geht das nicht! Der Kreuze musse leben. Ich will Drama, Drama, Drama!« einen Einlauf bekommt. Bach als Jesus lud außerdem zur Sendung »Das perfekte Abendmahl« in Nazareth ein und servierte dabei ein Überraschungsmenü aus Fisch und Wein. »Das kann eigentlich jeder, solange er Gottes Sohn ist«, schwadroniert er. Bei *Switch Reloaded* ging es derweil um »The Fabulous Life of Joseph Ratzinger«, und Petra Nadolny brillierte als Elke Heidenreich mit einer Kritik der Bibel: »Romantik kommt mir in diesem Sittengemälde etwas kurz«, lautet ihr Verdikt, »aber immerhin wird am Ende wenigstens genagelt.« In einer der Parodien sitzt Jesus als Gast bei Herrn Beckmann, der ihn zur unbefleckten Empfängnis ausfragt.

Auch skurrile Websites wie jesusdressup.com, auf der wir den Heiland als Anziehpuppe mit Supermannkostüm oder Elvis-Toupet neu einkleiden können, finden wir eher belustigend als blaspehemisch. Vielleicht kommt unsere Liebe zur Verballhornung auch daher, dass viele sich des Gefühls nicht erwehren können: Hätte der Junge damals Wein in Wasser verwandelt, dann hätte sein Club sich niemals durchgesetzt.

Die Generation Gottlos hat sich vom Allmächtigen und der Kirche verabschiedet. Was bleibt, ist der größte Bestseller aller Zeiten – die Bibel, die bombastischste Seifenoper, die je geschrieben wurde. Selbst wer sich für ein freiheitliches Leben ohne Gott entschieden hat, behauptet gerne, dass er »Sein Wort« gelesen hat. Die Deutschen wählten das Buch der Bücher 2004 auf Platz zwei ihrer Liste der fünfzig beliebtesten Schmöker – höher in der Gunst stand nur ein noch längeres Heldenepos: *Der Herr der Ringe*. Auch wenn man nicht an Gott als Autor glaubt, soll der Wälzer viele Lebensweisheiten parat halten, die einem heute noch weiterhelfen. Stimmt das wirklich? Wir haben uns die über zweitausend Jahre alte Geschichte angeschaut und sie einem kleinen Härtetest unterzogen ...

3

PSALMEN
HABEN KURZE BEINE
Was man der Bibel noch glauben kann

That's a great Jesus!«, schwärmt die Texanerin, die sich offenbar in den Hauptdarsteller der Passionsspiele verguckt hat. *»I wanna kiss this guy!«* Amerikanische Bibelfans sind in Scharen nach Oberammergau gekommen, und man hat fast den Eindruck, das kleine Alpenkaff läge nicht im Süden der Republik, sondern im Wilden Westen. Die Passion ist für sie ein praktisches *Two-in-one*-Erlebnis: Nicht nur, dass der bayrische Broadway seit 1680 alle zehn Jahre das Bibeldrama aufführt – hier kann auch jeder, der von weither kommt, Deutschland als schönstes Klischee erleben, samt Bazis, Brez'n, Bergpanorama und Bierkrügen. Um uns herum sind in der Halbzeitpause an den Stehtischen und in den kleinen Grüppchen vor dem Eingang allerlei amerikanische Akzente zu hören. *»Wonderful«* und *»marvellous«* sind die am häufigsten verwendeten Worte. Man könnte glatt meinen, man wäre mitten in einem Musical von George Gershwin gelandet.

Der Oktobertag neigt sich gen Abend, und es wird bereits ein wenig schattig, deshalb hoffen wir, dass die Passionsspiele in der zweiten Hälfte endlich an Fahrt aufnehmen und uns einheizen. Wir schieben uns durch die engen Sitzreihen zurück zu den Plätzen. Das Open-Air-Festspielhaus ist bis auf den letzten Stuhl voll besetzt. Heimelig ist die Halle jedenfalls: Unsere Knie kuscheln mit der Rückenlehne des Vordermannes. Was ist nur, wenn man in den knapp drei Stunden nach der Pause mal zum Klo muss – oder was, wenn

einer der vielen Rentner vor lauter Begeisterung einen Herz-
kasper bekommt?

Bibel on Stage ist wirklich eine Offenbarung, finden wir.
Wer keine Lust zum Lesen hat und sich die Testamentsver-
kündung auch nicht von Ben Becker als Hörbuch vorbrum-
men lassen möchte, der hat in Oberammergau die Chance,
sich Leben und Sterben Christi in knapp sechs Stunden am
Stück reinzuziehen. Immerhin ist die Bibel der Bestseller
schlechthin – geschätzte dreißig Millionen Exemplare gehen
jedes Jahr über den Ladentisch. Sie liegt in beinahe jedem
Hotelzimmer, Politiker werden auf sie vereidigt, und Kindern erzählt man die besten Stellen, damit sie gute Menschen werden. Immanuel Kant konnte nicht ohne sie: »Sie
ist mein edelster Schatz, ohne den ich elend wäre.« Dietrich
Bonhoeffer erkannte in ihr das Wesen aller Dinge: »Ich glaube, dass die Bibel allein die Antwort auf alle unsere Fragen
ist.« Regisseur Wim Wenders zieht sie anderen Drehbüchern
vor: »In meinem Leben ist es das wichtigste Buch.« Und
Bild-Chefredakteur Kai Diekmann findet ihre Schlagzeilen
unschlagbar: »Die Bibel ist eben das Buch der Bücher! Mit
seinen Geschichten ist es ein ungeheuer aktuelles Buch, mit
dem, was es uns für heute zu sagen hat.« Hinzu kommt, wie
bei jedem Bestseller: Es lohnt sich, ihn zu kennen, um mit-
reden zu können. Doch sind die Geschichten von Genesis,
Goliath und Gomorrha wirklich genial oder mittlerweile
völlig gestrig?

»Mit Religion kann ich heute nichts mehr anfangen.«
GENTLEMAN

Die Oberammergauer haben zumindest schon mal herausgefunden, dass man mit der Bibel regelmäßig viele zehntausend Menschen und deren Moneten anlocken kann. Die Inszenierung ist top, das Bühnenbild gekonnt, und die Gewänder von Kaiphas und Herodes würden bei jeder Kostümpreisverleihung auf dem Siegertreppchen landen. »Wann brannte zuletzt ein solch prächtiges Lagerfeuer in einem Dornbusch?«, frohlockte die *Berliner Zeitung* wie einst Mose angesichts der Requisiten. Stimmt, so was sieht man nicht alle Tage. Aber nicht nur die Ausstattung, sondern auch die Darstellerinnen erwärmen die Herzen – vor allem Maria, ein bayrisches Madl mit ortsüblichem Akzent.

Bei uns hält sich die Begeisterung ein wenig in Grenzen – was auch am Wetter liegt, das mittlerweile auf Bindfädenregen umgestellt hat. Wir haben uns vorsichtshalber mit einem Klosterliqueur aus Ettal bewaffnet, um der Kälte in der Freilichthalle stilgerecht zu trotzen. Das Licht geht aus. Der Chor mit hellen langen Gewändern und weißen Hauben, die an aufgerollte Kondome erinnern, betritt die Bühne und legt sich ins Zeug, als würde der Allmächtige zur Apokalypse blasen. Die nächsten drei Stunden gestalten sich allerdings etwas statisch: Der Singsang und die alttestamentarischen lebenden Bilder, eine Art Prequel zur Jesus-Story, wechseln sich mit den gespielten Szenen ab. Es gibt lange Dialoge und noch längere. Wer kein Deutsch oder Bayrisch spricht – das betrifft wohl die meisten Zuschauer –, blättert derweil mit einer kleinen Leselampe fieberhaft in der telefonbuchdicken Übersetzung. Eigentlich überflüssig, denn die Geschichte ist ja bekannt, und so lauert in keiner Szene eine Überraschung. Das denkt sich wohl auch der ältere Herr neben uns, der sich in seinen Mantel kuschelt und kurz ein Nickerchen einlegt.

Wir fragen uns angesichts der getragenen Bühnendarstellung, ob die zweitausend Jahre alte Erzählung vom Zimmermannssohn aus Nazareth heute noch mit modernen Geschichten mithalten oder uns gar als Lebenswegweiser dienen kann. Es ist natürlich unfair, das bayrische Volkstheater mit Hollywood-Blockbustern zu vergleichen. Als Mitglieder einer Generation, die stark vom Popcornkino beeinflusst wurde, kommen wir jedoch nicht umhin, einen Vergleich anzustellen. Schließlich behaupten viele Bibelforscher, man habe Jesus allerhand Wunder nur angedichtet, damit seine Geschichte mit den damaligen Berichten über andere Propheten mithalten konnte – wer das größte Wunder hatte, konnte sich über die meisten Fans freuen. Wenn das damals schon so war, dann ist es nur folgerichtig, den Wanderprediger aus Nazareth mit modernen Helden zu vergleichen.

Im Gegensatz zu einem James-Bond-Streifen zeichnet sich die Bibelaufführung weder durch Special Effects noch durch Explosionen aus. Die einzige Actionszene kommt erst ganz am Ende. Die Kreuzigung jagt einem, weil live auf der Bühne, ein mulmiges Gefühl ein. »Die Geißelung mit ihrer Brutalität geht an die Nieren«, gestand auch Jesus-Darsteller Frederik Mayet. Allerdings hat man heutzutage schon blutigere Schlachtplatten gesehen. Psychothriller von Bestsellerautoren wie Cody Mcfadyen sind weitaus gewalttätiger, und wie man Jesus stilecht abmetzelt, hat Mel Gibson in seinem umstrittenen Film *Die Passion Christi* gezeigt.

Erstaunlicherweise sind es nicht die fehlenden Knall-effekte, sondern es ist die biblische Geschichte selbst, die nicht richtig aus dem Quark kommt. Die klassische Saga vom Messias, der eine betagte Prophezeiung erfüllt, hat man inzwischen zur Genüge in *Matrix*, *Star Wars* und *Herr der Ringe* gese-hen. Außerdem kommt uns der Held im weißen Gewand ziemlich mau vor. Wir sind originellere Charaktere ge-wöhnt: In populären TV-Serien wie *Breaking Bad* oder *Broadwalk Empire* sind die Bösen die Stars – so verbrüdern wir uns in *The Sopranos* mit dem Mafiaboss Tony Soprano und fiebern in *The Shield* mit, wenn es um das Schicksal korrupter Polizisten geht. Dagegen ist Jesus so spannend wie ein Streber, der dem Lehrer die Tasche trägt und immer seine Hausaufgaben macht. In der heu-tigen Zeit taugt er nicht mehr als Sensation, sondern nur noch als Sekundant: »Tingelt Jesus nicht längst als mit-telmäßige Kirmesattraktion durch die Pop-Provinzen?«, fragte 2007 der *Focus*. »Mal verhilft er ›Ben Hur‹ zu ein paar Oscars, mal darf sich der auf Blut und Qualen versessene Mel Gibson an ihm versuchen, mal fabuliert sich Dan Brown mit seinem Jesus-Magdalena-Merowinger-Mix ein paar Milli-onen zusammen, mal lockt irgendjemand irgendwelche Foto-grafen zu irgendeiner Pressekonferenz, um dort zu verkün-den, dass irgendein Steinkasten das wahre Grab des wahren Jesus sei.«

Nach Marketinggesichtspunkten hat Gottes Sohn offenbar seine Unique Selling Proposition* verloren, er ist austauschbar geworden. Die Geschichten über ihn konnten in unserer popkulturell geprägten Generation nie jene Wirkung entfalten, mit der sie ältere Semester begeistert haben. »Ich glaub, dass Jesus der absolute Freak ist, der anders denkt, der anders tickt als der Rest der Gesellschaft«, sagt Martin Dreyer, 45, Gründer der deutschen Jesus Freaks und Autor der Volxbibel. »Jesus ist Supermann, Jesus kann alles!« Stimmt das? Wer wie wir mit dem echten Superman, Batman und dem unglaublichen Hulk groß geworden ist, lässt sich von einem Heiler in saloppen Sandalen nicht so schnell beeindrucken. Wir machen einen Test – wie schneidet Jesus im Kräftemessen mit anderen Superhelden ab?

Jesus vs. Der unglaubliche Hulk.

Der Superheldencheck

JESUS CHRISTUS
Superkräfte: Heilen, Auferstehen ✪ ✪
Kennzeichen: Stigmata, Latschen ✪
Gadgets: Hirtenstab, Holzkreuz ✪
Image: Typ netter Schwiegersohn ✪ ✪
Worte im Angesicht des Todes:
»Mein Vater, wenn es möglich ist,
gehe dieser Kelch an mir vorüber.«
Herofaktor: ✪ ✪

---
* Marketingsprech für »Alleinstellungsmerkmal«

John McClane

Superkräfte: Immer zur falschen Zeit am falschen Ort ✪

Kennzeichen: Weißes Rippshirt, dreckverschmiert, immer stark verletzt ✪

Gadgets: Kippen und Kanonen ✪ ✪

Image: Nicht tot zu kriegen ✪ ✪ ✪

Worte im Angesicht des Todes: »Yippie yah yeah, Schweinebacke!«

Herofaktor: ✪ ✪

James Bond

Superkräfte: Flirten ✪ ✪

Kennzeichen: Maßanzug ✪ ✪

Gadgets: Coole Autos, Spielzeuge von Q ✪ ✪ ✪

Image: Testosteronjunkie ✪ ✪

Worte im Angesicht des Todes: »Wodka-Martini, geschüttelt, nicht gerührt.«

Herofaktor: ✪ ✪ ✪

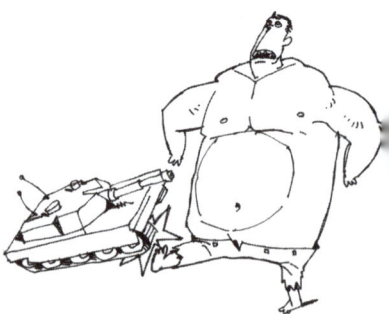

Der unglaubliche Hulk

Superkräfte: Panzerweitwurf, Superflummisprung ✪ ✪ ✪

Kennzeichen: Grün ✪

Gadgets: Geplatzte Hose ✪ ✪

Image: Total verstrahlter Typ ✪

Worte im Angesicht des Todes:
»Machen Sie mich nicht wütend!«
Herofaktor: ✪ ✪

ALF
Superkräfte: Frisst Katzen,
Schluckauf Marke Melmac ✪ ✪ ✪
Kennzeichen: Achtzigerjahre-Frisur ✪
Gadgets: Hawaii-Hemd ✪ ✪ ✪
Image: Sonny Crockett mit
Ganzkörperbehaarung ✪ ✪ ✪
Worte im Angesicht des Todes:
»Null Problemo!«
Herofaktor: ✪ ✪ ✪

Zu den Helden unserer Zeit verhält sich Jesus ein wenig wie der Musikantenstadl zu Marilyn Manson. Für Martin Dreyer bleibt dennoch sein Held der stärkste: »Mal ehrlich, wer hat die Welt so sehr verändert? Niemand vor ihm und niemand nach ihm. Bis heute sind viele Gesetze nach seinen Werten hin orientiert, die ganze westliche Welt ist von ihm wahnsinnig geprägt worden.« Dass unsere Kultur im Guten wie im Schlechten jahrhundertelang dem Einfluss des Christentums unterlag, ist freilich ein historischer Fakt. Es war einfach da. Orientierungshilfen für unser Leben finden wir dennoch inzwischen woanders: Wer den richtigen Groove für das urbane Großstadtleben sucht, sieht sich *Sex and the City*

an, wer an der Modelkarriere schraubt, lässt sich von Heidi Klum beraten, und für eine ganze Generation allein erzogener Jungs ist Luke Skywalker der stille Bruder im Geiste, weil er erst nach über zwanzig Jahren erfährt, dass sein Vater eine röchelnde Maschine mit Allmachtsfantasien ist.

Aber die Bibel ist natürlich viel mehr als die Geschichte eines Auserwählten mit besonderen Fähigkeiten. Sie steckt voll handfester Verheißungen für unsere Zukunft. Je nachdem, wie wir uns verhalten, soll das Reich Gottes anbrechen oder die Apokalypse das Ende aller Zeiten einläuten. Dennoch ist das kein Grund für uns, von hedonistischen Vergnügungen und egozentrischen Zukunftsplänen Abstand zu nehmen. Seien wir ehrlich – im Mittelalter mag man die Menschen in dunklen und zugigen Kirchenbauten mit solchen Prophezeiungen beeindruckt haben. Zumal sie in kryptischen lateinischen Formeln daherkamen und für den mittelalterlichen Menschen ohne höhere Schulbildung auf furchteinflößenden Bildern dargestellt waren. Aber wer lässt sich heute noch davon schrecken, dass die Welt bald untergeht? Die steht doch ständig vor dem Abgrund. Wer zu Zeiten des Kalten Krieges geboren wurde, wusste als Kind, dass die Welt jede Minute in die Luft fliegen kann, wenn jemand auf einen ominösen roten Knopf drückt. Danach bedrohten in rascher Abfolge Tschernobyl, das Waldsterben und der Borkenkäfer die menschliche Rasse. Nicht zu vergessen: AIDS, der Y2K-Bug, die Euro-Einführung, der 11. September, Kriege am Golf und anderswo, das Ozonloch, El Niño, die Schweinegrippe, explodierende Bohrinseln und diverse Naturkatastrophen. Dies alles geschieht übrigens in einer Zeit *mit* Religionen – und da haben führende Christen Angst, es könnte *ohne* Religion noch viel schlimmer werden?

Bislang hat sich die Erde immer noch weitergedreht, und was geschieht, wenn es eines Tages doch mal alles schiefgeht, wissen wir schon aus Filmen wie *Mad Max, 2012, Independence Day, The Day After* oder *The Day After Tomorrow*. Der Weltuntergang ist die ständige Begleitmusik unseres Lebens.

> *»Die meisten Menschen haben Schwierigkeiten*
> *mit den Bibelstellen, die sie nicht verstehen.*
> *Ich für meinen Teil muss zugeben, dass mich gerade*
> *diejenigen Bibelstellen beunruhigen, die ich verstehe.«*
> MARK TWAIN

Doch ist angesichts einer solch aussichtslosen Lage die frohe Botschaft der Bibel – die Aussicht auf eine ewige Party im Nachleben mit allen Freunden und Verwandten – nicht umso verlockender? Es macht nicht den Eindruck, als wäre das so. Und das hat einen guten Grund, denn uns wird allerorten vorgelebt, dass wir hier und jetzt erfolgreich sein müssen, um das Glück zu finden. Werbung, Politik und Fernsehen haben uns den Geschmack aufs ewige Leben verdorben und die Gegenwart in den Vordergrund gerückt. Wer sich ansieht, wie stark der Jugendwahn in unserer Gesellschaft verbreitet ist, muss zwangsläufig davon ausgehen, dass niemand Lust hat, alt zu werden und die Party erst im Nachleben steigen zu lassen. Wir können nicht verstehen, warum das Paradies erst nach dem Tod kommen soll. Warum hat Gott es nicht gleich so eingerichtet, dass wir ewig leben, wenn er das wollte? Immerhin erreicht man das Paradies schon nach zehn

Flugstunden: Irgendwo in der Karibik wartet immer ein All-Inclusive-Buffet, die Strände sind schön weiß und das Wasser glasklar. Wer will da in einen Garten Eden, wo einem jemand Allmächtiges auf die Finger klopft, wenn man ein paar Früchte vom Baum pflückt? Und wer weiß, ob die da überhaupt WLAN, 3D-Kino und iPhones haben?

Früher, als die Zeiten hart und das Leben ohne Netz und doppelten Boden war, mag es den Menschen ein Trost gewesen sein, dass nach dem Tod Besserung in Sicht ist. Heute halten wir Gottlosen es lieber mit dem Philosophen Ludwig Feuerbach, der schon vor langer Zeit meinte: »Nicht Gott schuf den Menschen nach seinem Bilde, wie es in der Bibel steht, sondern der Mensch schuf Gott nach seinem Bilde.« Eine Umfrage des Marktforschungsunternehmens GfK ergab, dass kein anderes Volk in Europa so große Zweifel am Wahrheitsgehalt der göttlichen Botschaft hegt wie wir Deutschen: Viele halten die Bibel für nicht göttlich inspiriert, sondern lediglich »für ein von Menschen verfasstes altes Buch mit Legenden, historischen Tatsachen und Lehren«.

Unsere Zweifel werden jedes Jahr von Artikeln in großen Nachrichtenmagazinen genährt: »Wie starb Jesus wirklich?« oder »Die Heilige Familie – Was ist dran an der Weihnachtsgeschichte?«, fragen *Focus*, *Stern* und *Spiegel* gerne, sobald sich ein christlicher Feiertag nähert. Da kommt man schnell ins Grübeln, vor allem wenn man gar nicht so genau weiß, was wirklich in der Bibel drin steht. Gut zwei Drittel der unter Neunundzwanzigjährigen sagen, dass sie nur ausreichende oder gar keine Kenntnisse über den Inhalt der Heiligen Schrift haben. Fast neunzig Prozent der Deutschen lesen laut Angaben des Instituts für Demoskopie Allensbach selten bis nie in der Bibel, unter den Sechzehn- bis Neunundzwanzigjährigen blättern sogar nur sieben Prozent regelmäßig im vermeintlichen Wort Gottes. Selbst die Kirchenmitglieder studieren die Heilige Schrift nicht mehr: Sechzig Prozent der Katholiken und Protestanten sagen, dass sie nur ausreichende bis gar keine Lektürekenntnisse besitzen. Vielleicht liegt das daran, dass wir einfach noch nicht den richtigen Moment gefunden haben, um sie mal in die Hand zu nehmen.

ANNE ERZÄHLT Es grenzt an ein Wunder, dass ich die Klingel überhaupt gehört habe, so laut wummert die Partymusik. Außerdem habe ich schon amtlich einen im Tee. Mein alter Freund Sven steht vor der Tür. Aber was ist das da neben ihm? Hat der schon wieder eine neue Frau am Start? Die können noch nicht viel länger zusammen sein als dreieinhalb Wochen, überlege ich sofort, denn da hat er sich von seiner letzten Freundin getrennt.

»Das ist Tanja«, klärt er mich sogleich auf. »Wir sind jetzt seit drei Wochen zusammen.«

»Drei Wochen und drei Tage«, korrigiert ihn das überirdisch blonde Wesen im pinken Pulli an seiner Seite. Eine zierliche Hand streckt mir ein Paket in Glitzergeschenkpapier entgegen. »Alles Gute zum Geburtstag! Wir haben dir auch was mitgebracht!«

Zu dieser Fete habe ich richtig groß eingeladen. Schließlich ist es mein Dreißigster, und danach soll ja bekanntlich das Erwachsenenleben losgehen. Viele Freunde und ehemalige Studienkollegen sind da, und auch meine beste Freundin Alina, die ich mit meinem guten Freund Bodo verkuppelt habe. Ein Erfolg, auf den ich schon ein wenig stolz bin, auch wenn Alina vehement behauptet, sie hätten das auch ohne mich hingekriegt.

Sven ist der einzige meiner Gäste, den ich schon so lange kenne, dass wir zusammen auf dem Schulhof Völkerball gespielt und Panini-Bildchen getauscht haben. Er ist ein lieber Kerl. Aus irgendeinem Grund hat er allerdings eine Schwäche für Frauen, die normalerweise mit George Clooney ausgehen. Während ich versuche, Tanja zu fokussieren, kommt mir bei ihrem Anblick auf mystische, ganz und gar unerklärliche Weise das rosa Zauberpony in den Sinn, das auf dem Nachttisch meiner kleinen Nichte wohnt.

»Danke«, sage ich und nehme das Päckchen entgegen. Sven und Tanja gehen hinter mir her in die Küche, wo das Buffet steht. »Was wollt ihr trinken? Es gibt ...«

»Du musst erst das Geschenk aufmachen!«, unterbricht mich Tanja.

»Ist sicher ein Buch«, vermute ich und wiege es in der Hand.

Sven scheint das verlegen zu machen. »Falls du's schon hast ...«

»Ach Unsinn!«, sagt sie. »Das ist eine Schmuckausgabe!«

Ich wickele den Wälzer aus dem Papier. Das Werk kommt mir vage bekannt vor: eine Bibel!

»Das ist ja ...«

»Siehste, wusste ich doch, sie hat keine!«, triumphiert das Zauberpony. »Die ist besonders schön gestaltet!«

»Tanja ist Mitglied in einer Freikirche«, erklärt Sven und nimmt sich ein Bier.

Inzwischen sind Bodo und Alina zu uns getreten.

»Wahnsinn«, sagt Alina und streckt sogleich die Hände danach aus. »Eine Bibel! So was habe ich schon irrsinnig lange nicht mehr in der Hand gehabt. Hammer!«

Ich schicke mich an, die Heilige Schrift auf den Geschenketisch zu legen, da hat Alina sie sich schon gegriffen.

»Wisst ihr was«, sagt sie mit leuchtenden Augen, »statt Flaschendrehen spielen wir jetzt mal Bibelstechen. Das kenn ich von meiner Oma an Silvester, da hat sie uns fürs neue Jahr geweissagt«, sagt sie und beginnt darin zu blättern. »Altes und Neues Testament, die Evangelien Matthäus, Markus und Lukas ...«

»... Podolski?«, wirft ihr Freund ein.

»Ach, komm schon, Bodo«, sagt Alina und muss ein Kichern unterdrücken. »Welche Frage beschäftigt dich?«

 »Werden wir dieses Jahr noch zusammenziehen?«, fragt er aufs Geratewohl.

Alina schließt die Augen, schlägt die Bibel auf und fährt mit dem Finger auf der Seite entlang. Dann blickt sie auf die Stelle, auf der ihr Finger liegt.

»*Besser in der Ecke des Daches wohnen, als eine zänkische Frau im gemeinsamen Haus*«, liest sie vor.

Alles lacht, und Bodo drückt seine Freundin grinsend an sich.

»Ach so«, sagt er, »du bist ein streitlustiges Weib. Das hättest du mir aber auch gleich sagen können.«

Es sind inzwischen auch andere Gäste herangekommen, und das Bibelstechen erweist sich als echter Partyknaller.

»Und, was hält die nähere Zukunft für mich bereit?«, fragt Sven erheitert, ohne den missbilligenden Blick seiner Liebsten zu bemerken.

»Wie eine Palme ist dein Wuchs; deine Brüste sind wie Trauben. Ich sage: Ersteigen will ich die Palme; und greife nach den Rispen«, zitiert Alina aus dem Hohelied. Sven scheint diese Zukunftsperspektive zu gefallen, Tanja wird rot.

»Und jetzt noch einen für die großzügige Spenderin«, ruft Alina und deutet auf sie.

»Dazu ist die Bibel nun wirklich nicht da«, sagt Tanja. »Du solltest sie mal ernsthaft lesen, dann wüsstest du, wie viel Wahrheit darin steckt.«

Alina bleibt mit dem Finger auf einer Stelle bei Jesus Sirach hängen. *»Wohin schon ein anderer blickt, dahin streck deine Hand nicht aus«*, liest sie vor, *»sonst triffst du mit ihm in der Schüssel zusammen.«*

Tanja runzelt die Stirn. Der Zauberponylook ist weg.

»Hugh«, meint Alina, »der Herr hat gesprochen.« Sie holt sich ein kühles Blondes und dreht die Musik wieder auf.

Tanja klammert sich an ihr Getränk, kommt dann aber schließlich mit unserem Freund Arno über die Bibel ins Gespräch. Partytalk sieht anders aus, die beiden diskutieren wild bis in die späte Nacht hinein, als schon alle anderen matt auf der Couch hängen.

Als Sven und sie sich verabschieden, umarme ich sie spontan.

»Danke für die Bibel«, sage ich. »Das war ein tolles Geschenk.«

Tanja lächelt. Und ich auch: Ich habe mir nämlich schon vorgenommen, dass ich die Heilige Schrift ab jetzt häufiger mal zum Wahrsagen verwende. Wer hätte gedacht, dass ein zweitausend Jahre altes Buch zum großen Partyspaß taugt?

*D*er Schmöker ist in Wahrheit keine leichte Kost. Selbst der Vizepräsident der Evangelischen Kirche in Deutschland, Thies Gundlach, gibt zu: »Ohne Erklären, Durchdringen und Entfalten ist das Erzählen der biblischen Geschichte wie ein Ikea-Bett ohne Bauanleitung – das kann gut gehen, muss aber nicht.« Sicher ist jedenfalls: Eine Generation, bei der Bücherlesen nicht ganz oben in den Charts der Freizeitaktivitäten rangiert, wird vom großen Glaubensmanifest erst mal Abstand nehmen. Wir sind eher Infovermittlung auf die einfache Art gewohnt: Im Internet gibt's Nachrichten im Häppchenformat, bei Twitter und Facebook beschränken wir uns auf einzeilige Statusmeldungen, und es sollte bitte recht unterhaltsam und nicht zu ernst daherkommen – vielleicht ein Grund, warum man sich ein Best-of der schönsten Bibelverse mittlerweile per sms schicken lassen kann. Die Bibel ist rein als Gegenstand betrachtet ein abschreckender Trumm ohne jeden Lesekomfort, so klitzeklein auf fummeligem Butterbrotpapier gedruckt, dass man sich eine Zoomfunktion wünscht. Eine solche Bleiwüste tun sich in Zeiten von quietschbunten Mangas doch nur noch Hartgesottene an. Das dachte sich wohl auch Mediengestalter Oliver Wurm, der das Neue Testament als Magazin herausbrachte und die interessanteren Stellen durch besonderes Layout hervorhob. »Da steht eigentlich gutes Zeug drin«, fand er, »aber man

müsste es mal so gestalten, dass man es auch lesen kann.«
Mit seinem Magazin *Das Neue Testament* möchte er den
Menschen »ein bisschen die Angst vor der Bibel nehmen«.
Und dabei ist er kein strenggläubiger Kirchengänger, son-
dern findet einfach: »Die Lektüre hat mich nicht dümmer ge-
macht. Mich hat erstaunt, wie viele spannende Sachen in der
Bibel stehen – neben den Passagen, die, ehrlich gesagt, zum
Einschlafen sind.«

Um wieder mehr Leser zu erreichen, versuchen es andere
Projekte wie *Die Kinderbibel* mit bunten Bildern für das iPad
oder *Die Volxbibel* mit Jugendsprache: Die Idee dazu hatte
Martin Dreyer. Er war fest entschlossen, die Botschaft der
Bibel unters Volk zu bringen, weil Gott und Jesus das von
ihm wollten. Mit einer Online-Übersetzercrew unterzog er
das Alte und Neue Testa-
ment einer sprachlichen
Kernsanierung. In der
Volxbibel liest sich die
Vertreibung aus dem Para-
dies nun wie die Abrech-
nung in einem Scorsese-
Streifen: »Gott feuerte
Adam aus dem Paradies
raus, aber er gab ihm ein
Stück Land, was im Os-
ten von seinem Garten
lag. Um den Baum des
Lebens zu beschützen,
stellte Gott einen
extra Türsteher-

engel davor. Der war gut bewaffnet mit einem Schwert, was aus Feuer war, wie so ein riesen Flammenwerfer. Mit diesem Schwert fuchtelte er immer hin und her, damit der Weg zum Baum hundertpro gesichert wurde.« Der Papst lobte das Engagement »für die Verbreitung der frohen Botschaft Jesu Christi unter den Menschen von heute«, ließ jedoch darauf hinweisen, »dass es nach Überzeugung der katholischen Kirche [...] im Gottesdienst und im katechetischen Gebrauch immer der Grundlage einer treuen, den Sprachstil bewahrenden Übersetzung des biblischen Textes bedarf«. Dass Sünden im Volxbibeljargon neuerdings »Scheiße bauen« heißen, kam auch nicht überall gut an.

Ob die himmlische Geschichte durch ein neues Wortgewand glaubhafter wird, mag man bezweifeln: Laut einer Emnid-Umfrage glaubt auch die Mehrheit der Menschen unter dreißig nicht an die Auferstehung Jesu, sondern meint, dass es sich lediglich um eine Vision seiner Jünger handelt. Viel eher sind wir bereit, uns auf das Gedankenexperiment einzulassen, dass Michael Jackson oder Elvis ihren eigenen Tod inszeniert haben, weil sie auch nach ihrem Ableben noch ständig gesichtet werden.

»Für mich gibt es kein Leben nach dem Tod.
Da es gemäß den zehn Geboten nicht erlaubt ist,
sich davon ein Bild zu machen,
muss ich mich nicht weiter drum kümmern.«
HARALD SCHMIDT

Dass es vielen von uns so schwerfällt zu glauben, was in der Bibel steht, liegt an unserem grundsätzlichen Argwohn, auch der bildlichen Sprache des Schinkens gegenüber. Was man davon wörtlich nehmen soll, ist uns nicht ganz klar. Nachdem wir in der Schule gelernt haben, dass es äußerst unwahrscheinlich ist, dass jemand zur Salzsäule erstarrt, nur weil er etwas Schlimmes gesehen hat, oder dass man in einem Tiermagen drei Tage überlebt, sind wir nicht gewillt, die Geschichten von Lot und Jona einfach so hinzunehmen. Und wer glaubt noch an Adams Rippe, wenn er in Biologie die Spuren des Lebens unter dem Mikroskop bis zur Zellteilung beim Einzeller zurückverfolgt hat? Schuld sind also eigentlich mal wieder die Lehrer – und letztlich auch die Medien, die uns die Flausen des kritischen Denkens in den Kopf gesetzt haben. Mit der Daten- und Infoflut im Internet ist die Frage nach der Quelle und ihrer Verlässlichkeit so wichtig wie nie zuvor. Die vielen Skandale, die investigative Journalisten ständig aufdecken, sowie Guttenplags und Vroniplags haben uns vollends davon überzeugt, nur an Wahrheiten zu glauben, deren Faktenlage eindeutig gesichert ist, und im Zweifelsfall hinter allem vorsichtshalber eine Verschwörung zu wittern.

Geht man mit dieser kritischen Haltung an die Bibellektüre, bleibt von der wörtlich zu nehmenden Substanz nicht viel übrig, außer vielleicht ein paar etwas langweiligen, veralteten Gesetzen.

Wer die Bibel heute liest, dem leuchtet vieles von dem nicht mehr ein, was einst Gesetz war. Nehmen wir zum Beispiel Weihnachten: Das Fest feiern die meisten wegen des geselligen Beisammenseins, des leckeren Essens und der vielen

Geschenke – was sie nicht davon abhält, in die gute Stube unter den Weihnachtsbaum eine Krippe mit Tierfiguren, den heiligen drei Königen und Baby Jesus zu stellen. Doch wie realistisch ist diese biblische Kitscharie wirklich? Es fängt schon damit an, dass niemand ganz genau weiß, wann Jesus eigentlich geboren worden ist, wie Walter-Jörg Langbein in seinem *Lexikon der biblischen Irrtümer* erklärt. Der 24. Dezember, den die meisten deutschen Fonduekocher und Weihnachtsgansbrater als Geburtstag vermuten, ist äußerst unwahrscheinlich. Die Forschung hält den 6. Januar für ein mögliches Geburtsdatum. Dass sich die Kirchen irgendwann auf den 25. Dezember festgelegt haben, könnte nach Theologenansicht mehrere Gründe haben: An den Tagen vom 21. bis 25. Dezember feierte man damals auf dem europäischen Kontinent vielfach die Wintersonnenwende und in Ägypten, Syrien, Persien und Phönizien die Geburt eines Sonnengottes. Die Vermutung liegt nahe, dass man einfach bestehende Bräuche übernommen hat, damit sich die breite Öffentlichkeit mit dem Christentum anfreunden konnte. Je weniger Neuerungen man sich angewöhnen muss, umso weniger stört man sich daran, welchen Gott man da eigentlich anbetet. Gräbt man weiter, stößt man auch auf den damals im Römischen Reich überall verbreiteten Mithraskult, der starke Parallelen zum jungen Christentum aufweist und sogar kurze Zeit Staatsreligion war: Die Priester hießen ebenfalls »patres«, Väter, die Gläubigen »fratres«, Brüder, darüberhinaus gab es ein Abendmahl, bei dem Wein und Brot ausgegeben wurden, die Vergebung von Sünden, ein Jüngstes Gericht und Tote, die wieder auferstehen. »Da die junge christliche Kirche den fremden Kult in seinen ähnlichen Variationen nicht unterdrücken konnte, vereinnahmte sie ihn und setzte den 25. Dezember als Geburtstag des jungfräulich geborenen Jesus fest«, vermutet Walter-Jörg Langbein. »Heidnische Himmelsgöttinnen wurden durch Maria, unbefleckt geborene Sonnensöhne durch Jesus ersetzt. So konnten vermutlich jahrtausendealte Feiern weiter zelebriert werden, nur dass sie nach und nach christianisiert wurden.«

Das klingt alles sehr danach, als habe sich da jemand eine Religion gebacken. Aber das ist nicht die einzige Ungereimtheit an der Weihnachtsgeschichte: Jesu Geburtsort war nicht Betlehem, sondern Nazareth, wobei man sich auch da nicht so ganz sicher ist, weil die Bibel widersprüchliche Angaben macht. »Der Wohnsitz der Familie Jesu ist bei Matthäus Betlehem, bei Lukas Nazareth«, erläutert Karlheinz Deschner. »Die von Matthäus erzählte Flucht nach Ägypten und der Besuch der Weisen aus dem Morgenland passen nicht zu dem Bericht des Lukas. Die Stammbäume Jesu widersprechen einander krass; ebenso die besonders wichtigen Auferstehungslegenden.«

Man kann fürderhin davon ausgehen, dass die Kindermorde des Herodes nie stattgefunden haben, ebenfalls hat es die Volkszählung nicht gegeben, zumindest nicht in der Zeit von Jesu Geburt. Selbst der Stall, der in der Weihnachtsgeschichte vorkommt, ist wohl nur eine romantische Fantasie, denn davon steht selbst in der Bibel nichts geschrieben: Bei Lukas ist Jesus in einer »Herberge« geboren, Matthäus spricht von einem »Haus«.

Wie sich das Buch der Bücher widerspricht

Büßen Kinder für die Missetaten ihrer Väter?

1. Denn ich, der HERR, dein Gott, bin ein eifersüchtiger Gott: Bei denen, die mir Feind sind, verfolge ich die Schuld der Väter an den Söhnen, an der dritten und vierten Generation. (2. Mose, 20,5)

2. Väter sollen nicht für ihre Söhne und Söhne nicht für ihre Väter mit dem Tod bestraft werden. (5. Mose, 24,16)

Wurde der Mensch vor den Tieren erschaffen oder danach?

1. Danach. (1. Mose 1,25-27)

2. Davor. (1. Mose 2,7-20)

Wer tötete Goliath?

1. David (1. Samuel 17,50)

2. Elhanan (2. Samuel 21,19)

Hat Judas Jesus tatsächlich einen Kuss gegeben?

1. Ja. (Matthäus 26,48-50)

2. Nö. Judas war Jesus gar nicht nahe genug, um ihn zu berühren. (Johannes 18,3-12)

Wo hielt sich Jesus zur sechsten Stunde am Tage der Kreuzigung auf?

1. Am Kreuz (Markus 15,25-33)

2. Auf dem Richtstuhl Gabbatha bei Pilatus (Johannes 19,14)

Was waren die letzten Worte von Jesus, als er starb?

    1. »Vater, in deine Hände lege ich meinen Geist.« (Lukas 23,46)

    2. »Es ist vollbracht!« (Johannes 19,30)

Wie starb Judas?

    1. Er erhängte sich an einem Baum. (Matthäus 27,5)

    2. Er ist so unglücklich gestürzt, dass
    er mitten entzweibarst und dabei all seine
    Eingeweide herausgefallen sind. (Apg 1,18)

Auch dass Jesus das berühmteste Kuckuckskind der Geschichte gewesen sein soll, glaubt heute kaum noch jemand. *Like a Virgin*, das kauft der Bibel in Zeiten von Frauenknutscherin Madonna keiner mehr ab – doch immerhin jeder sechste Deutsche hält die unbefleckte Empfängnis für möglich. Abgesehen davon, dass die Sache biologisch recht fragwürdig ist, vermuten viele hinter der göttlichen Penetration einen einfachen Fehler bei der Übersetzung der Bibel vom hebräischen Urtext in die damalige Gelehrtensprache Griechisch: Aus der »jungen Frau« in der Urfassung ist in der Übersetzung die »Jungfrau« geworden. »Sie war eine junge Frau. Die Vorstellung Jungfrau, die sich ja nachher sehr weit entwickelt hat, ist eine theologische Aussage«, sagt auch Maria Jepsen, die ehemalige Bischöfin von Hamburg.

Für Protestanten mag das eine verträgliche Ansicht sein, Katholiken fliegen für so einen Spruch direkt aus der Kirche. »Die Jungfrauengeburt ist nicht als historisches Ereignis aus den Texten des Neuen Testament zu begründen«, sagte der katholische Theologe Eugen Drewermann Anfang der neunziger Jahre. »Jesus ist als Mensch gezeugt und geboren wie jeder andere Mensch auch. Ungewöhnlich war nicht seine Geburt, sondern sein Leben. Um dies zu deuten, haben die ersten Christen die Bilder von der Jungfrauengeburt benutzt, die auf altorientalische Königsvorstellungen zurückgehen. Die Geburtsgeschichten Jesu bei Matthäus und Lukas sind mythennahe Legenden, keine historischen Berichte.« Drewermann wurde vom Priesteramt suspendiert.

> *»Nicht, was ein Mensch namens Jesus gedacht,*
> *gewollt, getan hat, sondern was nach seinem Tode in*
> *seinem und unter seinem Namen, aber oft nicht*
> *in seinem Sinne, sehr oft gegen seine Intentionen gedacht,*
> *gewollt, getan worden ist,*
> *hat die christliche Religion und mit ihr die Geschichte*
> *des sogenannten christlichen Abendlandes bestimmt.«*
> RUDOLF AUGSTEIN

Die Experten sind sich auch einig darüber, dass Jesus die meisten Sätze in der Bibel nie wirklich selber gesagt hat und sie ihm vermutlich zugeschrieben wurden. Wie soll man auch nach einem Jahrhundert noch wörtlich aufschreiben, was jemand an einem lauen Sommertag am See Genezareth von sich gegeben hat? Jeder, der einmal »Stille Post« gespielt hat, kennt das Phänomen. Da kommt es bei angeblichen Tatsachenbeschreibungen zu wunderlichen Widersprüchen, wie Karlheinz Deschner zeigt: »Ein Wunder für sich ist in dieser Geschichte der Engel. Die Frauen treffen ihn bei Markus im Grab, bei Matthäus vor dem Grab auf dem weggewälzten Stein. Bei Lukas ist der Engel zunächst weder vor dem Grab noch in demselben, doch kommen dafür gleich zwei Engel. Sie stehen plötzlich neben den Frauen. Auch im vierten Evangelium sind es zwei Engel, allerdings sitzen diese bereits wartend im Grab.« Wer es war, der die Evangelien verfasst hat, ist nicht sicher, allerdings kann man davon ausgehen, dass sie nicht voneinander abgeschrieben haben. In jedem Fall waren es sicher nicht die vier namentlich genannten Evangelisten, sondern vermutlich eine ganze Reihe von Schreibern, die unter diesen Sammelpseudonymen zusammengefasst wurden. Die Evangelien sind also eigentlich eine Art Heftromansammlung im Stil von Jerry Cotton – auch dort erzählen viele verschiedene Autoren, die nicht einzeln namentlich genannt werden, spannende Geschichten über einen Helden, den sie nicht persönlich kennen.

Historisch korrekte Zeitzeugenberichte darf man also nicht erwarten. Der Markustext entstand um das Jahr 70 herum, der von Johannes nicht vor dem Jahr 100. Jesus war also schon lange tot, und aus seinen Lebzeiten existieren keine schriftlichen Quellen mehr. Rudolf Bultmann, als evangelischer Theologe einer der bedeutendsten Bibelkritiker, kam daher zu dem Schluss: Wir können »vom Leben und von der Persönlichkeit Jesu so gut wie nichts mehr wissen«.

Auch das Alte Testament steckt voller Sinnwidrigkeiten, und kaum ein Theologe leugnet heute noch die seltsame Vermischung von historischen Halbwahrheiten und Fiktion. So widerlegt Israel Finkelstein, Archäologe an der Uni Tel Aviv, in seinem vielbeachteten Buch *Keine Posaunen vor Jericho* das grundlegende Setting der biblischen Geschichte. Auch wenn es viele Ortschaften der Bibel nachweislich gegeben habe, wie er schreibt, kommt er zu dem Schluss: »Offensichtlich haben sich viele Ereignisse der biblischen Erzählung nicht in der beschriebenen Zeit oder Weise zugetragen. Einige der berühmtesten Ereignisse haben nie stattgefunden.« Der Auszug aus Ägypten sei in der beschriebenen Form nicht plausibel, und die Reiche David und Salomo waren längst nicht so pompös, wie die Bibel vorgibt, sondern eher »unbedeutende Teile von Randreligionen«.

Wie Finkelstein glaubt auch manch anderer Bibelkritiker, dass weite Teile des Alten Testaments aus reiner Not erfunden wurden, um den Staat Juda zu retten. Bedroht und eingeschlossen zwischen den damaligen Supermächten Ägypten und Assyrien, habe man angesichts fehlender militärischer Mittel die Rettung in einem metaphysischen Nationalkult gesucht. Die Schlüsselfigur, die den Kult um die Gottheit Jahwe ins Rollen brachte, soll König Josia gewesen sein, der auch in der Bibel die Erlöserfigur gibt. Er nutzte das Wort seines Gottes ganz konkret – einfach indem er mit den gesammelten Verheißungen über sein Volk Machtansprüche zementierte und den Exodus zum Mythos machte: »Jetzt schickte ein junger König in Juda sich an, sich dem großen Pharao entgegenzustellen, und uralte Traditionen aus vielen verschiedenen Quellen wurden zu einem großen umfassenden Epos zusammengeschmiedet, das Josias politische Ziele stützte«, schreibt Finkelstein. Bis dahin war Jahwe wohl nur einer unter vielen Göttern und Götzen gewesen, nun wurde er zum Weltenschöpfer, um ein Glaubensmonopol zu errichten. »Immer deutlicher wird, dass Gottes Wort, das ›Buch der

Bücher‹, voller Mogeleien steckt«, schreibt auch der Spiegel. »Eine Gruppe von Fälschern, ›Deuteronomisten‹ genannt, bürsteten Realgeschichte um; sie verzerrten die Wirklichkeit, schafften unbequeme Fakten beiseite und erfanden, nach Art eines Hollywood-Drehbuchs, die Geschichte vom Gelobten Land.«

»Diese Evangelien kann man nicht behutsam genug lesen.«
FRIEDRICH NIETZSCHE

Alles gelogen? Eine Erfindung, die einem weltlichen Zweck dient? Blasphemie!, sagen die Kreationisten. Je stärker die Zweifel an der biblischen Wahrheit in die Wirklichkeit eindringen, umso heftiger kämpft die kleine Gruppe von Christen mit radikalen Ansichten um den Erhalt der für sie feststehenden Wahrheit. Sie vertreten eine Art Hardcore-Variante der christlichen Schöpfungslehre, die das Buch Genesis wörtlich nimmt und als Tatsachenbericht ansieht. Einige von ihnen, die »Junge-Erde-Kreationisten«, glauben sogar, dass die Erde nur etwa sechstausend Jahre alt sei. Die Verfechter einer anderen Richtung, des »Intelligent Design«, sehen Gott als intelligenten Schöpfer und einzigen Urheber der Artenvielfalt – für sie ist dies eine wissenschaftliche Theorie.

Bislang waren die streng Bibeltreuen besonders stark in den USA vertreten: Nach einer Untersuchung des Senders ABC glauben sechzig Prozent der Amerikaner, dass Gott die Welt in sechs Tagen erschaffen hat. In der Nähe von Cincinnati gibt es ein Schöpfungsmuseum, das laut Werbung

»die Bibel zum Leben erweckt« – und zwar in Form eines disneylandähnlichen Freizeitparks. Auch hier wird behauptet, die Erde sei nach kosmischen Maßstäben gerade erst gestern entstanden und Kinder hätten früher mit Dinosauriern gespielt. Das Museum stellt auch Veggie-Raptoren vor, deren messerscharfe Zähne natürlich nur zum Knacken besonders harter Nüsse im Paradies da waren. Es wird »erklärt«, woher die Fluten kamen, vor denen Gott Noah errettet hat, und wie der Mann es schaffte, die Tierpärchen auf die Arche zu lotsen. Der Grand Canyon dient als Beweis für die Sintflut, schließlich ist er doch so schön vom Wasser geformt worden. Weitere Museen, die sich dem gleichen Unsinn verschrieben haben, finden sich in Texas, Florida, South Dakota und an vielen anderen Orten.

Von Nordamerika aus schwappte diese Sintflut auch nach Europa hinüber: Nach dem Expertenbericht des Europarates *Die Gefahren des Kreationismus in der Erziehung* von 2007 gab es in vielen europäischen Ländern bereits Bestrebungen, die Schöpfungslehre mehr in den Mittelpunkt zu rücken und an Darwins Ast zu sägen. So wurde in Italien 2004 von der damaligen Ministerin Letizia Moratti per Reform die Evolutionstheorie aus Grundschulen verbannt, der einst stellvertretende polnische Bildungsminister Miroslaw Orzechowski äußerte 2006 öffentlich, dass er Darwins Theorie für eine Lüge hielte, und in Großbritannien fand 2006 ein dreitägiger internationaler Kreationismus-Kongress statt. In der Schweiz trommelt der Verein Pro Genesis noch immer für eine göttliche Entstehung der Erde, und in Deutschland sind die Kreationisten ebenfalls nicht untätig: In Berlin oder München soll ein deutscher Erlebnispark gebaut werden, »Genesis-Land, der

Schöpfungsthemenpark« – zuletzt plante man einen christlichen Themenpark auch auf Mallorca.

Nehmen Sie den Herrn doch mal beim Wort!

Denksport mit dem Buch der Bücher

1) Wenn Adam und Eva die allerersten Menschen waren und Kain und Abel ihre Kinder – mit wem hat dann Kain eigentlich Kinder gezeugt?

2) Wenn Gott angeblich unsichtbar ist und laut dem zweiten Buch Mose jeder sterben muss, der ihn sieht, warum haben dann Jakob und Mose, die »Gott von Angesicht« gesehen haben, überlebt?

3) Wenn Jesus ein Teil der Dreifaltigkeit und damit auch Gott ist – warum betet er dann in seiner Verzweiflung vor seiner Festnahme zu Gott, also zu sich selbst?

4) Wenn Adam nach dem Genuss der Frucht vom Baum der Erkenntnis eigentlich sterben soll (1. Mose 2,17), warum wird er danach 930 Jahre alt und zeugt noch eine Menge Kinder (1. Mose 5,5)?

5) Wenn Gott unveränderlich ist (Maleachi 3,6), weshalb ist er dann so anders im zweiten Teil des Buches?

ierzulande stellt die Studiengemeinschaft Wort und Wissen Fragen wie »Passten alle Tiere in die Arche Noah?«, »Stammt der Mensch vom Adam ab?« und »Sind Gottes Spuren in der Schöpfung verwischt?«. Reinhard Junker lernte den Verein während seines Referendariats kennen. »In dieser Zeit habe ich mich mit dem Thema Evolution kritisch auseinandergesetzt«, sagt er. Heute ist Junker Geschäftsführer von Wort und Wissen. Zusammen mit Siegfried Scherer schrieb er *Evolution – ein kritisches Lehrbuch*, das sich an »Schüler und kritische Laien« richtet. Junker, der seinen Glauben in der Evangelischen Landeskirche lebt, möchte mit seinen Lehrmaterialien über das Schöpfungsmodell im Unterricht von Privatschulen, aber auch öffentlichen Schulen »neue Akzente setzen«. »Grundsätzlich ist es uns ein Anliegen, die Glaubwürdigkeit der biblischen Schilderungen herauszustellen. Wir glauben, dass Gott durch sein schöpferisches Wort die Lebewesen als Grundtypen hervorgebracht hat, diese sind nicht durch Naturprozesse entstanden«, sagt er. »Die Bibel enthält großenteils historische Texte und diese sollten nicht im Nachhinein bildhaft gedeutet werden.«

»Die Gottheit lässt sich nicht photographieren.
Die Wissenschaft bedauert dies sehr.«
EMIL NOLDE

Unterwandern die Kreationisten mit dieser Meinungsmache Deutschland? Ja, so der Tenor der ARTE-Dokumentation *Von Göttern und Designern*. Das Filmteam besuchte unter anderem die August-Hermann-Francke-Schule, eine christliche Privatschule in Gießen, die Intelligent Design lehrt. Der ehemalige Schüler Jakobus Gäth liest vor der Kamera aus einem Test vor, in dem davon die Rede ist, dass Noah höchstens siebzehntausend Wirbeltiere auf seiner Arche mitnehmen musste, dass die Arten von Gott alle einzeln erschaffen wurden und die Kontinentalverschiebung erst nach der Sintflut eingesetzt hätte. Das Lehrmaterial, auf dem dieser Test basiert, ist das »kritische Lehrbuch« von Junker und Scherer. Politiker wie Dieter Althaus und Annette Schavan waren sogar dafür, den Kreationisten eine Plattform zu geben, um eine Debatte über ihre verblüffend abstrusen Theorien zu führen.

Auch die private Georg-Müller-Schule in Bielefeld unterrichtet nach dem Prinzip Christi. Auf ihrer Website macht sie sehr deutlich, woran sich ihr Unterricht orientiert: »Einzige Autorität und Richtschnur für Leben und Lehre ist die Bibel, das zuverlässige und wahrhaftige Wort Gottes. Sie ist Wahrheit (Joh. 17,17) und zuverlässig (1. Tim. 4, 9 + 10). Wir halten an der durch den Heiligen Geist gegebenen Inspiration des Urtextes der Bibel fest (2. Tim. 3, 16). Von liberaler Theologie und der Betrachtungsweise der historisch-kritischen Methode grenzen wir uns deutlich ab. Wir sind davon überzeugt, dass die Bibel die vollständige Botschaft Gottes an uns Menschen ist, so dass keine weiteren Prophetien notwendig sind.«

Derzeit wird das Schöpfungsmodell parallel zur Evolutionsbiologie an etwa siebzig christlichen Bekenntnisschulen in Deutschland unterrichtet, wie ein Beitrag des *Kulturjournal* 2009 herausfand. »Mir tun die Kinder leid, denn sie müssen

ja eine Art von Schizophrenie lernen«, sagt Evolutionsbiologe Thomas Junker. »Sie müssen im Biologieunterricht etwas lernen über biologische Grundprinzipien, und gleichzeitig müssen sie etwas lernen, was dem vollkommen widerspricht.«

Auch eine öffentliche Schule in Gießen, die Liebigschule, beherbergt mit Wolfgang Meyer einen Biologielehrer, der dem Schöpfungsmodell anhängt. In dem Beitrag sagt er, dass er seinen Schülern beide »Modelle« vorstellt, sowohl Schöpfung als auch Evolution. »Die Schüler lernen sehr schnell, dass die Aussagen, wie sie in den Schulbüchern drinstehen, durchaus hinterfragt werden können.«

Weitere Verbreitung finden die kreationistischen Gedanken durch Bibelschulen wie das Martin-Bucer-Seminar. Ron Kubsch, Dozent am MBS, sagt offen: »Ich bin gegenüber einigen Ansprüchen der Evolutionstheorie skeptisch. Immerhin gibt es *missing links*, und die Schwächen der Theorie sind offensichtlich.« Er ist überzeugt, dass der Mensch unfrei ist, aus sich selbst heraus das Gute zu tun und meint, dass wir ohne Religion nicht leben können, weil wir immer nach Transzendenz streben werden. Die Evangelien sind für ihn

»lebensbejahend und freimachend«. Auch der MBS-Schüler Daniel Dangendorf sagt, dass »ein empirischer Beweis für die Entstehung des Lebens bis dato fehlt. Eine atheistisch verabsolutierte Evolutionslehre, die auf den Schöpfer verzichtet, widerspricht der christlichen Lehre.« Für Wissenschaftler wie Thomas Junker mögen die kreationistischen Ideen einfach »haarsträubender Unsinn« sein. Doch auch das Intelligent Design gehorcht dem Gesetz der Gebetsmühle – oft genug wiederholt, zeigen auch solche Worte Wirkung: Der Dortmunder Biologiedidaktiker Dittmar Graf stellte in einer Befragung unter Studienanfängern, an der über eintausendzweihundert Studierende teilnahmen, fest, dass 7,7 Prozent der ehemaligen Bio-Leistungskurs-Schüler die Evolution ablehnten, unter den vormals Grundkurs-Schülern waren es sogar siebzehn Prozent. Selbst so mancher herkömmliche Traditionschrist ist von der kreationistischen Idee nicht so weit entfernt: Papst Benedikt XVI. vertritt seit langem den Standpunkt einer »theistischen Evolution« und machte in der Ostermesse 2011 zum wiederholten Male die klare Ansage, dass der Mensch ein Produkt Gottes sei. »Es ist nicht so, dass in dem sich ausdehnenden Universum am Ende in irgendeinem kleinen Winkel des Alls zufällig auch eine Art von Lebewesen entstand, die denken kann und versuchen kann, Vernunft in der Schöpfung zu finden oder in sie hineinzubringen. Wäre der Mensch nur ein solches Zufallsprodukt der Evolution irgendwo am Rand des Alls, dann wäre sein Leben sinnlos oder gar eine Störung der Natur.« Und Erzbischof Christoph Schönborn im Wiener Stephansdom will zwar mit den Fundamentalisten nichts zu tun haben, doch in seinem Buch *Ziel oder Zufall? Schöpfung und Evolution aus der Sicht eines vernünftigen Glau-*

bens mixt er munter christliche und darwinistische Theorien, damit Gott als Ursprung des Lebens nicht unterschlagen wird. In einem Artikel in der *New York Times* sprach er sich darüber hinaus gegen die Evolutionslehre aus und vertrat die These, der Natur liege der schlaue Plan eines allmächtigen Schöpfers zugrunde.

Mangelnde Cleverness kann man den Kreationisten jedenfalls nicht vorwerfen: Sie verkaufen ein Glaubensmodell als mögliche Wissenschaftsrichtung. In einem Schulbuch verpackt, erreicht sie jenes Glied in der Kette, das sich am leichtesten beeinflussen lässt: Kinder und Jugendliche als potenzieller Nachwuchs, möglichst unkritisch und bibeltreu, wenn es nach den Kreationisten ginge.

Im Grunde ist es sogar konsequent, die Bibel wörtlich auszulegen und auch beim logischen Zickzackkurs nicht aus der Bahn zu springen. Denn damit folgt man einem alten Glaubenssatz: *Credo, quia absurdum est*, ich glaube, weil es unvernünftig ist, lautet eine Standardweisheit der Theologie. Tatsächlich wird man angesichts vieler Unsinnigkeiten und diffuser Faktenlage selbst nach lebenslangem Studium nicht herausfinden, was man der Bibel glauben darf und was nicht, geschweige denn, dass man als Laie auch nur ansatzweise das Wirrwarr der Bibelforschung durchschaut. Es bleibt einem daher keine andere Wahl, als an alle absurden Widersprüche und undurchschaubaren Mysterien unkritisch einen Haken zu machen, wenn man weiterhin glauben möchte.

»Glauben ist leichter als Denken.«
SPRICHWORT

Ob die Feindaten der Heiligen Schrift stimmen, ist gläubigen Menschen vielfach egal. Sie haben trotzdem einen Verwendungszweck für Gottes Wort: als Ratgeber in allen Lebenslagen. »Die Bibel ist eine Gebrauchsanleitung fürs Leben«, sagt der kirchennahe Journalist Peter Hahne. »Wer die Bibel liest, steht auf gutem Grund. Auf dem Boden der Tatsachen und einer Basis, die gerade in Krisen trägt.« Tatsächlich? Wie zeitgemäß erscheinen Ihnen die folgenden Zitate aus der heiligen Schrift?

Die fabelhafte Welt des Alten Testaments

Sechs flotte Tipps aus dem Buch der Bücher

In deinem Gepäck sollst du eine Schaufel haben, und wenn du dich draußen hinhocken willst, dann grab damit ein Loch und nachher deck deine Notdurft wieder zu! (5. Mose 23,13)

Wenn du in den Weinberg eines andern kommst, darfst du so viel Trauben essen, wie du magst, bis du satt bist, nur darfst du nichts in ein Gefäß tun. (5. Mose 23,25)

Du sollst nicht untätig zusehen, wie ein Stier oder Lamm deines Bruders sich verläuft. (5. Mose 22,1)

Wenn du ein neues Haus baust, sollst du um die Dachterrasse eine Brüstung ziehen. Du sollst nicht dadurch, dass jemand herunterfällt, Blutschuld auf dein Haus legen. (5. Mose 22,8)

Eine Frau nimmt jeden beliebigen Mann, doch die eine Frau ist schöner als die andere. (Sir 36, 26)

Wer gegen seinen Schöpfer sündigt, muss die Hilfe des Arztes in Anspruch nehmen. (Sir 38,15)

Die betagten Ratschläge und viele Irrtümer aus der Bibel zeigen: Bedient man sich seines Verstandes, fällt das himmlische Kartenhaus schnell in sich zusammen, selbst wenn man eigentlich ein streng gläubiger Mensch ist. So verlor Christian Nürnberger, einst Capital-Redakteur, nunmehr prominenter Hausmann von Petra Gerster und Autor von *Jesus für Zweifler* und *Die Bibel. Was man wirklich wissen muss*, seinen Kinderglauben beim Theologiestudium, brach ab und beschloss, erst mal an gar nichts zu glauben, bis er später feststellte, dass er Agnostiker ist, es also immerhin für möglich hält, dass es ein höheres Wesen gibt.

> *»Wer in Glaubensfragen den Verstand befragt,*
> *kriegt unchristliche Antworten.«*
> WILHELM BUSCH

»Die Kirche lebt praktisch davon, dass die Ergebnisse der wissenschaftlichen Leben-Jesu-Forschung in ihr nicht publik sind«, schrieb der bekannte Neutestamentler Hans Conzelmann schon Ende der fünfziger Jahre. Das gilt bis heute, und das Resultat ist, dass Menschen, die zunächst gerne an Gott geglaubt haben, sich abwenden, sobald sie sich eine Weile mit ihm beschäftigt haben. Der ehemalige evangelische Pfarrer Mario Buletta aus Hamburg trat von alleine aus der Kirche aus, weil er nicht mehr glauben konnte: »Ich bringe es für mich immer so auf die Formulierung: Ob es einen Gott gibt, kann ich nicht sagen, ob es einen Gott nicht gibt, kann ich nicht sagen«, meint er. »Die Frage, ob es einen Gott gibt oder nicht, stellt sich für mich nicht mehr. Mir sind andere Sachen wichtig geworden.«

Selbst mancher Theologiestudent steuert angesichts der wissenschaftlichen Erkenntnisse mitten in eine Sinnkrise hinein: Gero L. war eigentlich ein sehr gläubiger Mensch. »Die biblische Geschichte und der Glaube an Gott wurden mir die gesamte Kindheit hindurch anerzogen«, sagt er. Deshalb wollte er auch Religionslehrer werden und begann in Bonn mit dem Theologiestudium. »Als ich dann erkannte, wie viel von der Religion auf der menschlichen Fantasie beruht, ließ ich immer mehr von meinem Glauben ab.«, erinnert er sich. »Vielen meiner Mitstudenten ging es ähnlich, die haben aber trotzdem weitergemacht.« Gero schmiss das Studium und arbeitete danach als Übersetzer von Science-Fiction-Romanen – was ihn darin bestärkte, dass es irgendwo in den Weiten der Galaxie etwas Gottähnliches geben mag, allerdings mit Sicherheit ganz anders, als es sich die Menschen ausgedacht haben.

Auch die Gottesfantasie der Profis stimmt nicht immer unbedingt mit der offiziellen Produktbeschreibung ihrer Firma überein. Pastoren wie Klaas Hendrikse im niederländischen Middelburg äußern sich offen dazu, was sie alles nicht mehr glauben können. »Gott ist der Name für eine Erfahrung«, sagt er, für einen protestantischen Pfarrer mithin eine recht unge-wöhnliche Erkenntnis, sollte man meinen. Hendrikse sorgte 2007 für Wirbel, weil er ein Buch mit dem Titel *Glauben an einen Gott, den es nicht gibt* veröffentlichte. Unglaublich: Er wurde nicht exkommuniziert.

Aber es muss doch noch Pfarrer geben, die ihre Kirche wür-dig vertreten? Wir sind während der WM-Saison zum gemüt-lichen Grillabend bei den Pfarrern Dickmann und Andresen eingeladen, die in Niedersachsen wirken und lieber nicht mit ihrem richtigen Namen genannt werden wollen. Als wir das Gartentörchen hinter dem Pfarrhaus öffnen und eintreten, läuft die Party schon, das verraten die Duftschwaden von Bratwürstchen und Steaks, die uns entgegenwehen. Auf dem Rasen ist eine große Leinwand aufgebaut, auf der sich die versammelte Gemeinde das Fußballländerspiel ansieht. Pfar-rer Dickmann spielt Grillmaster und wendet die Würstchen.

»Haben Sie die auch vorher gesegnet?«, fragen wir spaßes-halber.

»Nein«, meint er. »Die waren in einer Pre-prayed-Packung, die sind schon vorgesegnet.«

Wir nehmen Platz, und sein Kollege Andresen, ein ge-mütlicher Typ mit Stirnglatze und Backenbart, gesellt sich zu uns. Beim Genuss von griechisch-orthodoxem Salat und deutschen Würstchen wollen wir wissen, wie man trotz der vielen Zweifel an der Bibel heute an Gott glauben kann.

»Um die Bibel und ihre Entstehung zu verstehen«, sagt Pfarrer Andresen, »braucht man einen enormen historischen Hintergrund. Die meisten Leute wissen heute noch nicht ein-mal, was vor zweihundert Jahren geschehen ist. Wie sollen sie da einen Text einordnen, der zweitausend Jahre alt ist?«

»Man muss deshalb zu seinem Erwachsenenglauben finden und sich gedanklich von den Bibelgeschichten wegbewegen«, schaltet sich Pfarrer Dickmann ein. »Man kann das ja alles nicht wörtlich nehmen.« Ob Jesus nun wirklich Gottes Sohn gewesen sei und Wunder gewirkt habe, sei im Grunde gar nicht so entscheidend.

»Er hat gelebt, und es sind seine Taten, die bis heute nachhallen und uns inspirieren«, erklärt Pfarrer Andresen und nippt an seinem Bier. »Ob er wirklich von den Toten auferstanden ist, wer weiß das schon ... Unter uns gesagt, ich glaube da selbst nicht so wirklich dran.« Natürlich kann er das sonntags nicht von der Kanzel predigen, das gibt er selber zu.

»Oh Gott!«, raunt es plötzlich durch die Menge, als Mario Gómez aus zwei Metern Entfernung das leere Tor mal wieder nicht trifft.

»Lenkt Gott denn wirklich unsere Geschicke?«, fragen wir eingedenk des Torversagers.

»Ganz ehrlich?« Pfarrer Dickmann macht eine kleine Kunstpause. »Nein, das glaube ich nicht. Gott ist eher eine transzendente Macht und keine Person, die direkt Einfluss nimmt. Aber er ist der Ursprung von allem, der Grund, warum das Universum und die Erde existieren.«

»Ihre ganze Kirche basiert aber auf der Überzeugung, dass Gott unser Leben beeinflusst«, sagen wir. »Sonst brauchen wir ihn doch gar nicht mehr anzubeten.«

»Richtig. Deshalb kann ich das in meiner Kirche auch nicht erzählen. Dann laufen ja auch noch die Letzten weg.«

Die Leute wollen einfache Botschaften, an die sie glauben können, so das Fazit der Pfarrer. Das ist sicherlich auch der Grund, warum die beiden Kirchen trotz aller Zweifel an der

Bibel als Fundament für ihr Geschäftsmodell festhalten. Im Katechismus der katholischen Kirche heißt es: »Die Heilige Überlieferung und die Heilige Schrift bilden die eine der Kirche anvertraute heilige Hinterlassenschaft des Wortes Gottes. Darin betrachtet die pilgernde Kirche wie in einem Spiegel Gott, den Quell all ihrer Reichtümer.« Was bleibt denn noch, wenn man davon abläSst? Auch in der evangelischen Kirche verspricht man im Glaubensbekenntnis, dass man genau jene Geschichte für wahr hält, die in der Bibel geschrieben steht – und nicht irgendeine Readers-Digest-Version. »Ich glaube an Gott, den Vater, den Allmächtigen, den Schöpfer des Himmels und der Erde. Und an Jesus Christus, seinen eingeborenen Sohn, unsern Herrn, empfangen durch den Heiligen Geist, geboren von der Jungfrau Maria«, heißt es da, »... gekreuzigt, gestorben und begraben, hinabgestiegen in das Reich des Todes, am dritten Tage auferstanden von den Toten, aufgefahren in den Himmel« und so weiter und so fort. Es ist nicht missverständlich, es ist keine Allegorie. Wer das ausspricht, sollte sich Gedanken darüber machen, ob er das wirklich glauben kann.

Wer daran zweifelt, müsste sich streng genommen vom kirchlichen Glauben abwenden. Dann wären unsere Kirchen vermutlich noch leerer, als sie es ohnehin schon sind – und auch der ein oder andere Platz auf der Kanzel wäre nicht mehr besetzt.

»Der Atheismus ist ein Zeichen,
dass man die Religion ernst nimmt.«
KARL POPPER

Seien Sie unbesorgt. Es gibt sicher noch ein paar gute Gründe, warum wir als Gesellschaft an einer Organisation festhalten, an deren Glaubensbekenntnis wir nur noch bruchstückhaft glauben.

Immerhin gilt die Kirche als moralische Instanz in einer vom Turbokapitalismus getriebenen Gesellschaft. Sie ist in ethischen Fragen ein Fels in der Brandung. Und ohne ihr christliches Wirken würde der Sozialstaat wahrscheinlich zusammenbrechen und alte Werte würden koppheister gehen. Das sind gute Gründe, die sogar viele Gottlose blind unterschreiben würden. Auch Menschen, die Gott für eine überholte Idee halten, bleiben deshalb trotzdem in der Kirche, in der Gewissheit, sie würden so nebenbei etwas Gutes tun. Aber stimmt das wirklich?

4

DAS IMPERIUM
TRITT ZURÜCK
Wären wir ohne Kirche
besser dran?

*D*ie Brüste der jungen Dame könnten etwas schärfer zu
sehen sein. Da ist Lasse von den H D-Pornos im Internet
eindeutig Besseres gewohnt. *Die Sünderin* hat er sich nur be-
sorgt, weil sein Großvater ihm erzählt hat, welchen Aufruhr
der Streifen bei seinem Erscheinen wegen zweier Nacktsze-
nen ausgelöst hatte. Was daran so schlimm sein soll, versteht
Lasse allerdings nicht – da gibt es heute auf manchem Wer-
beplakat mehr zu sehen.

Für die Premierengäste, die sich am 18. Januar 1951 im Frank-
furter Turmpalastkino versammelt hatten, war der Anblick,
der sich ihnen da auf der Leinwand bot, hingegen allerhand:
Hildegard Knef räkelt sich auf der Wiese, während ihr Freund
ein Aktporträt von ihr malt. Für einen kurzen Moment ist sie
nackt zu sehen, und das eher von der Seite, mit schamhaft
aufgestelltem Bein. Später wird der Maler sie zum Nackt-
plantschen in den See schmeißen, aber auch dabei gibt es aus
heutiger Sicht nur wenig Anstößiges zu sehen. Es genügte
aber schon, um *Die Sünderin* zu einem der größten Filmskan-
dale der deutschen Geschichte werden zu lassen.

Es geht in dem Streifen um ein ehemaliges Freudenmäd-
chen, das sich, als ihr Geliebter erkrankt, keinen anderen Ausweg weiß, als erneut durch die Betten zu hüpfen, um ihm
eine Operation zu finanzieren. Schließlich leistet sie ihm
Sterbehilfe und bringt sich anschließend selbst um. Die Story
war schon für damalige Verhältnisse ein apothekenpflichtiges

Schlafmittel; den Zündstoff lieferten eher die klaren Verstöße gegen die prüde Moral.

Die Freiwillige Selbstkontrolle der Filmwirtschaft (FSK), der auch Abgesandte der beiden Kirchen angehörten, wollte den Film zunächst nicht freigeben, mit der Begründung, dass die Protagonistin »die Prostituierung als einen selbstverständlichen Ausweg aus ihrer menschlichen und wirtschaftlichen Notlage wählt«. Als der Streifen dann doch in die Kinos kam, sorgte er für wochenlange Diskussionen und öffentliche Proteste. Priester warfen Stinkbomben in Kinos, und Flugblätter mahnten: »Die Sünderin – ein Faustschlag ins Gesicht jeder anständigen deutschen Frau! Hurerei und Selbstmord! Sollen das die Ideale eines Volkes sein?«

In Köln dämmerte Erzbischof Joseph Kardinal Frings im matten Schein der blanken Brüste bereits der Untergang des Abendlandes, er warnte: »Ein Christ, der trotzdem diesen Film besucht, auch wenn er glaubt, es ohne unmittelbare Gefahr für seine persönliche sittliche Unversehrtheit zu können, gibt Ärgernis und macht sich mitschuldig an einer unverantwortlichen Verherrlichung des Bösen.« Angestachelt vom Zorn der Gerechten lieferten sich Jugendliche vor den Kinos sogar Schlägereien. Ihr Motto: »Heil'gem Kampf sind wir geweiht, Gott verbrennt im Zornesfeuer eine Welt.«

Willkommen im Deutschland der fünfziger Jahre, in einer Gesellschaft, die kirchliche Dogmen und Moralvorstellungen noch bierernst nimmt. »Deutschland war eine Art Kirchenstaat, strenger als der Vatikan«, erinnerte sich Sexpapst Oswalt Kolle in einem Fernsehinterview kurz vor seinem Tod im Jahr 2010. »Dort haben die Priester noch fröhlich rumgemacht, aber in Deutschland durften noch nicht mal die normalen Leute fröhlich rummachen.« Die Kirche befand sich auf dem Höhepunkt ihres gesellschaftlichen Einflusses. Das Grundgesetz sei »im Schatten des Kölner Doms entstanden«, hielt der evangelische Pastor und SPD-Minister Heinrich Albertz fest und spielte damit auf die enge Verknüpfung von Religion und Politik an. Die eine Hälfte der Deutschen war Mitglied in der katholischen Kirche und die andere in der evangelischen. Dass sich das so gehörte, war damals klar wie Asbach Uralt. Der Besuch des Gottesdienstes war Pflicht, und regelmäßiges Beichten gehörte zum Alltag wie heute der morgendliche Coffee-to-go.

Mittlerweile sehen wir mit einer Mischung aus Befremden und Faszination auf diese Zeit zurück und fragen uns, wie man so in Gottes Namen ein glückliches Leben führen konnte. Die Moral war dermaßen spießig, dass dagegen heute manches Eifeldorf wie eine Hippiekommune wirkt. Sonntags zog sich Opa zur Feier des Tages den feinen Anzug an, Oma brezelte sich mit der Föhnhaube die Frisur auf einen tuffigen Höchststand, und Punkt zehn saß man in der Kirche, trällerte mit dem Gesangbuch in der Hand zur Melodie der Orgel und lauschte Seiner Obrigkeit, dem Herrn Pastor. Nach der Andacht unterhielt man sich noch mit dem halben Dorf, bevor es zum Mittagessen ging – Schnitzel, Roulade oder Sauerbraten mit sämiger Soße, Sättigungsbeilage und Dosengemüse. Wer heute seine Sonntage auf diese Art verbringt und das auch noch öffentlich zugibt, gilt nicht als retro-chic, sondern eher als reif für die Rente.

Wer damals keinen Sex vor der Ehe hatte, der war noch tugendhaft und nicht wie heute ein Freak für die Talkshow.

So warnte die katholische Kirche in ihren Aufklärungsschriften: »Wenn du, Mädel, beim Tanz von einem Burschen aus dem Saal geführt wirst, beginnt für dich das Elend.« Für Beihelfer zum Beischlaf konnte es übel ausgehen, gerade wenn es sich um einen der eigenen Sprösslinge handelte: Wer im Haus seiner Eltern schnackselte, der riskierte, dass die eigenen Erzeuger im Knast landeten – denn für die sogenannte »Elternkuppelei« drohten den Erziehungsberechtigten bis zu sechs Jahre Gefängnis. Natürlich schwante damals noch niemandem, dass sechzig Jahre später die Mehrheit der Teenager von ihren Eltern oder der *Bravo* bis ins schlüpfrige Detail aufgeklärt werden und ihr erstes Mal lange vor Erreichen der Volljährigkeit erleben würden – die in jener Zeit noch bei einundzwanzig Jahren und nicht bei achtzehn lag. Schlimmer noch: Wer hätte gedacht, dass die Teenager der Zukunft den Gebrauch von Kondomen oft bereits in der Schule an einer Banane proben würden? Die Präser durften in den fabulösen Fünfzigern nämlich nur an Ehepaare abgegeben werden, und Werbung für empfängnisverhütende Mittel war generell verboten. Wer ungewollt schwanger wurde, durfte über Abtreibung nicht nachdenken oder diesen Gedanken zumindest nicht in die Tat umsetzen, denn es drohten dafür bis zu fünf Jahre Gefängnis.

Ähnlich geahndet wurde Regenbogensex: Getreu dem kirchlichen Dogma, dass ein Mann nicht bei einem anderen Mann liegen solle, war an öffentliche Schwulenparaden wie den Christopher-Street-Day nicht zu denken. Wer sich als homosexuell outete, setzte seine gesellschaftliche Existenz aufs Spiel und landete in der DDR bis zum Ende der Fünfzigerjahre, in der BRD bis zum Ende der Sechzigerjahre nicht selten wegen Verstoßes gegen das Sittengesetz im Knast. Als Oswalt Kolle den Deutschen in den Sechzigern und Siebzigern beibrachte, dass man fürs Fummeln nicht in die Hölle kommt, fürchtete die Kirche den Sittenverfall. Die meisten Gläubigen waren noch fest davon überzeugt, dass Masturbieren Hirnschäden hervorruft. Verständlich, dass viele kirchliche Kommentatoren die naiven Softpornos im Kino sogar »schlimmer als den Zweiten Weltkrieg« fanden.

Fünfzig Jahre später lesen wir ungerührt in *Fucking Berlin*, wie sich eine Studentin durch die Betten der Hauptstadt vögelt, um ihr Studium zu finanzieren. Charlotte Roche bietet ihre Feuchtgebiete öffentlich Christian Wulff an, wenn dieser den Vertrag zur AKW-Laufzeitverlängerung nicht unterschreibt, und die inzwischen in der Versenkung verschwundene Lady Bitch Ray schenkt Oliver Pocher im Ersten Deutschen Fernsehen vor laufender Kamera eine Dose von ihrem »Fotzensekret«. Überall laden Puffs zum »Gangbang« oder »Blowjobday« ein, manchmal sogar, um damit einen neuen Weltrekord aufzustellen: »Lea Blow will in 12 Stunden mindestens 250 Männer oral befriedigen. Lass dir einen blasen! Kostenlos!« *Die Sünderin* ist mittlerweile übrigens ab zwölf Jahren freigegeben.

»Die deutsche Gottvergessenheit zeigt sich heute
in der geschwundenen Menschlichkeit in unserem Lande.
Nur ein gläubiger Mensch wird auf Dauer
ein friedfertiger Zeitgenosse bleiben.
Wem Gott nicht mehr heilig ist, was soll dem noch heilig sein?«
KARDINAL MEISNER

Die Welt hat sich weitergedreht, der Planet der Pfaffen hat sich verändert. Die vergangenen fünfzig Jahre haben eine kontinuierliche Abwendung von materialistischen zu post-materialistischen Werten mit sich gebracht: Fleiß, Disziplin, Enthaltsamkeit machten Platz für Selbstverwirklichung, Glück und Genuss. »Der damals einsetzende Wandel auf dem religiösen Feld hängt mit diesen Modernisierungs- und Individualisierungsprozessen unmittelbar zusammen«, sagt der Religionssoziologe Detlef Pollack. »Die Zahl der Kirchenaustritte stieg sprunghaft an, die regelmäßige Teilnahme am Gottesdienst ging dramatisch zurück, der Glaube an Gott schwächte sich ab.« Reinhard Hempelmann von der Evangelischen Zentrale für Weltanschauungsfragen (EZW) erklärt, dass dies damit zusammenhänge, dass es einen Automatismus früherer Jahre nicht mehr gebe: »Es wird immer seltener, dass Kinder in der Familie christlich sozialisiert werden und den Glauben ihrer Eltern einfach übernehmen.« Es ist schwer vorstellbar, dass sich die Uhr noch einmal zurückdreht.

Umso lauter werden Bedenken von Vertretern beider christlicher Kirchen, dass sich unsere Gesellschaft ohne sie als moralische Schiedsrichter ins Abseits spiele. »Wenn es keinen Gott gibt, dann ist alles erlaubt«, lautet ein immer gerne verwendetes Zitat von Dostojewski. Sogar Gregor Gysi bekennt: »Auch als Nichtgläubiger fürchte ich eine gottlose Gesellschaft«, und das Allensbach-Institut fand heraus, dass drei Viertel aller deutschen Führungskräfte der Aussage zustimmen: »Wenn in einer Gesellschaft die religiösen Bindungen schwächer werden, gehen auch wichtige Werte und Maßstäbe verloren.« Geistliche und Journalisten gedenken in ihren Büchern der ordnenden Vorbildfunktion des Christentums: Papst Benedikt XVI. setzt sich in *Licht der Welt* mit Christentum in der heutigen Gesellschaft auseinander, Bischof Reinhard Marx wettert in *Das Kapital: Ein Plädoyer für den Menschen* gegen einen Kapitalismus ohne Menschlichkeit, und Publizist Andreas Püttmann trinkt in *Gesellschaft ohne Gott* einen Problemtee auf die *Risiken und Nebenwirkungen der Entchristlichung Deutschlands.* Die Frage ist nur: Benötigen wir die Kirche samt ihres erhobenen Zeigefingers tatsächlich noch?

In Wirklichkeit beschleicht nicht nur uns Gottlose, sondern auch viele Gläubige der Verdacht, dass das Handeln in der Kirche gar nicht mit moderner Ethik in Einklang zu bringen ist. Vor allem das Personal lässt zu wünschen übrig: Nach Missbrauchsfällen in unzähligen Bistümern, unter denen das Benediktinerkloster Ettal und die Jesuitenschulen Aloisius- und Canisius-Kolleg besonders prominent hervorstachen, sowie ähnlichen Beschuldigungen gegenüber Kirchenvertretern in evangelischen Einrichtungen ist das Image der Gottesmänner arg ramponiert. In den Medien kamen sie in der jüngsten Vergangenheit sogar noch schlechter weg als Guido Westerwelle und Karl-Theodor zu Guttenberg. Der *Spiegel* machte im Februar 2010 sogar mit dem Bild eines Priesters im roten Talar auf, der sich ungeniert in den Schritt fasst. *Die Scheinheiligen. Die katholische Kirche und der Sex*, lautete der Titel.

Die hehren moralischen Vorsätze scheinen keinen der frommen Delinquenten davon abgehalten zu haben, sich an Kindern zu vergreifen. Mindestens genauso schwer wiegt nur noch das skandalöse Vertuschungsverhalten der Kirchen angesichts der Sündenfälle. Für ihre Schweigetaktik erhielt die Kirche 2010 die »Verschlossene Auster« – den Antipreis als »Informationsblockierer des Jahres« von der Journalistenvereinigung Netzwerk Recherche. Begründung: »Die deutschen Bischöfe geben bei der Aufarbeitung der Missbrauchsfälle nur die Tatsachen zu, die sich nicht mehr leugnen lassen.« Auffällig gewordene Priester wurden in der Vergangenheit gerne mal an eine andere Schule versetzt, wo sie weiterhin mit Kindern und Jugendlichen in Berührung kamen. Und die Schuld wurde dem allgemeinen moralischen Wandel in die Schuhe geschoben: »Die sogenannte sexuelle Revolution, in deren Verlauf von besonders progressiven Moralkritikern auch die Legalisierung von sexuellen Kontakten zwischen Erwachsenen und Minderjährigen gefordert wurde, ist daran sicher nicht unschuldig«, so Bischof Mixa vor seinem eigenen Misshandlungsskandal. Kardinal Meisner fraternisierte mit einem geständigen Priester: »Ich kann ihn doch nicht in den Rhein werfen.« Bischof Müller aus Regensburg beklagte sich erst mal bitter über die Schelte der Medien, und Kardinal Lehmann entschuldigte das lasche Vorgehen der Kirche mit der Möglichkeit, dass die Täter vielleicht doch nicht rückfällig würden: »Es gibt ja von der medizinischen, psychiatrischen Seite her auch die Situation, dass es Täter gibt, die, ich sag's mal etwas banal, einmal ausrutschen, die man aber nicht, auf ein Leben lang, einfach jetzt aus der beruflichen Aktivität ausschließen kann.« Da wäre vielleicht ein Wort von ganz oben fällig gewesen, aber Benedikt XVI. ließ sich Zeit bis zum ökumenischen Kirchentag im Mai 2010. Er selbst stand überdies in Verdacht, noch in seinem Amt als Kardinal Ratzinger einen Fall vertuscht zu haben.

»Wenn man die katholischen Würdenträger
beim Krisenmanagement beobachtet, dann bekommt
der Begriff ›Scheiterhaufen‹ eine ganz neue Bedeutung.«
JÜRGEN BECKER

Wer zu dieser Organisation noch steht, der wird oft schief angesehen – kein besonders beneidenswerter Zustand. Nathanael Liminski, der mit anderen nach dem Weltjugendtag die Generation Benedikt gründete, sieht sich als Gläubiger belächelt. »Wir waren uns immer bewusst, dass – wenn du dich in Deutschland zu Kirche, Papst und Glauben bekennst – du eher zu den Verlierern als zu den Gewinnern einer Diskussion gehörst. Wir hatten als Generation Benedikt nie das Gefühl, auf einer Woge der Zustimmung zu schwimmen.« Sabine Beschmann, eine Reiseverkehrskauffrau ohne theologische Ausbildung, die im Namen des Vaters, den sie als »Jahrhunderttheologen« schätzt, die Bewegung Deutschland Pro Papa auf die Beine gestellt hat und zu Großkundgebungen für den Heiligen Vater einlädt, hat ähnliche Erfahrungen gemacht. »Wenn man sagt, man ist papsttreu, dann wird man angeguckt, als wenn man sie nicht alle hätte«, erzählt sie. »So nach dem Motto: Frauenfeindliche Kirche – fühlst du dich als Frau nicht unterdrückt? Deine Kirche ist doch wohl das Letzte. Auch im Kollegenkreis musste ich mir anhören: Warum bist denn du noch in dem Pädo-Verein?«

Moralische Integrität trauen viele von uns mittlerweile fast eher einem Kachel- als einem Kirchenmann zu. Nur noch zwei von zehn Deutschen glauben, dass ihnen die Kirche in dieser Hinsicht Orientierung geben kann. Vor allem die katholische Kirche scheint in Sachen Moral noch mitten in den fünfziger Jahren zu stecken. Mittlerweile haben wir es sogar schwarz auf weiß, dass im Vatikan die Uhren stehengeblieben sind. In der von Wikileaks 2010 veröffentlichten Diplomatenpost befanden sich auch amerikanische Depeschen aus Rom. Was Barack Obama dort von seinen Informanten berichtet wurde, liest sich wie ein Bericht aus einer Parallelgesellschaft. Die Führungsetage des Vatikans sei fast ausschließlich eine Seilschaft aus alten italienischen Herren, die »technophob und ignorant« seien. »Sie verstehen moderne Medien und Informationstechnik nicht, die meisten haben keine offizielle E-Mail-Adresse.« Der Kardinalstaatssekretär, eine Art Ministerpräsident, spreche kein Englisch, der Papst sei von Jasagern umgeben und unabhängige Experten selten. Zudem unterhielte sich die Papstloge »in einer codierten Sprache, die niemand außerhalb ihres Zirkels dechiffrieren kann«.

»Das, was wir jetzt erleben, ist eine Momentaufnahme von etwas, was sich in über fünfhundert Jahren nicht verändert hat«, sagt Kirchenkritiker Eugen Drewermann. »Nicht durch die Reformation, nicht durch die Aufklärung, nicht durch die Frauenemanzipation, nicht durch die Demokratie als politischer Kultur. Durch gar nichts! Es ist gegen jede Erfahrung resistent!« Als »Oberflächensymptom für eine Grundstruktur, die im Ganzen nicht stimmt«, sieht er den Umgang mit dem Thema Sex. Dabei standen im Herbst 2010 die Zeichen im Vatikan auf sexuelle Revolution. »Sensation: Papst erlaubt Kondome«, schrieb die *Hamburger Morgenpost* noch vor Erscheinen des Buches *Licht der Welt* über eine kurze Äußerung darin, »Kampf gegen AIDS – Papst lockert das strikte

Kondomverbot«, meldete *Spiegel Online*, »Ein Segen – nicht nur für Afrika«, meinte die *Zeit Online*, und die *Welt Kompakt* sah die Entwicklung in Sachen Kondomen gar als »explosiv« und »revolutionär« an.

Bei näherem Hinsehen relativierte sich die Äußerung des Vatikanchefs rasch. Benedikt hatte die Benutzung der Gummitütchen lediglich in »begründeten Einzelfällen« zur Verhinderung einer HI-Virusweitergabe bei männlichen Prostituierten gestattet. Der Vorsitzende der Bischofskonferenz, Robert Zollitsch, war dennoch begeistert und sagte, die Äußerungen zeigten »die tiefe Einfühlsamkeit des Papstes«. Dieser hatte auf seiner Afrikareise im Vorjahr noch ebenso gefühlsecht klargestellt: »Man kann das AIDS-Problem nicht durch die Verteilung von Kondomen regeln. Ihre Benutzung verschlimmert vielmehr das Problem.« Im traditionell katholischen Spanien hatte man darauf mit einer Spende reagiert – eine Million Präser für Afrika.

Die einzige von der katholischen Kirche abgesegnete Verhütungsmaßnahme ist bis heute die Knaus-Ogino-Methode, Codename »Vatikanisches Roulette«. Sie soll dafür sorgen, dass das Liebesspiel nicht an den fruchtbaren Tagen der Frau stattfindet. Wer sich darauf verlässt, hat oft das Nachsehen – die Quote an ungewollten Schwangerschaften ist bei dieser Methode vergleichsweise hoch. Deshalb werden allein in Deutschland Jahr für Jahr über zweihundert Millionen Kondome verbraucht. Der Vatikan meint aber auch angesichts dieser Berge an Verhütungslatex, dass sich so etwas nicht gehört – warum, das versteht heute wirklich niemand mehr. Immerhin geht es um einen Gegenstand, dessen Geschichte weitaus älter ist als die des Christentums, der in jedem Sexualkundeunterricht vorkommt und von dem weltweit jährlich Milliarden Exemplare in Gebrauch sind. Deutschlandweit herrscht größtenteils Einvernehmen darüber, dass das Kondom eine prima Sache ist. Neun von zehn Menschen schützen sich am Anfang neuer Beziehungen per Tütchen, berichtete die Bundeszentrale für gesundheitliche Aufklärung (BZGA) 2010.

Auch andere Verhütungsmethoden sind laut Kirche vom Liebesspiel ausgeschlossen. Um das Verbot der Anti-Baby-Pille zu untermauern, vereinnahmt man heute gerne auf links gedrehte und zweckmäßig eingesetzte wissenschaftliche Erkenntnisse: Die Vatikanzeitung *Osservatore Romano* meldete jüngst desaströse Auswirkungen der Pille auf die Umwelt und die männliche Fortpflanzungsfähigkeit. »Ein entscheidender Grund für die abnehmende Spermienzahl bei Männern ist die Umweltverschmutzung durch Ausscheidungsprodukte der Pille«, schrieb Pedro José Mario Simon Castellvi, Präsident des Internationalen Verbandes der katholischen Medizinervereinigung. Die große Gefahr gehe dabei von den Ausscheidungen der Frauen aus, mit denen sie seit Jahrzehnten »Tonnen von Hormonen« in Umlauf brächten. Dass Medikamentenfilterung in Kläranlagen nur unzureichend funktioniert, ist ein Problem – aber die Stoffe gelangen nur in homöopathischen Dosen ins Wasser. Die Herren der Schöpfung brauchen sich vermutlich nur wenig Sorgen darum zu machen: Betroffen sind bisher Fische, die in der Nähe von Kläranlagen leben. Bei ihnen wurden zum Teil Geschlechtsumwandlungen durch Östrogene aus der Anti-Baby-Pille festgestellt.

Kein Grund für strenggläubige Katholiken, ihre Überzeugung zu verwässern – es soll alles beim Alten bleiben. Das gilt übrigens auch fürs Handspiel im Strafraum. Der Katechismus der katholischen Kirche sagt dazu in etwas bürokratischem Stil: »Masturbation ist die absichtliche Erregung der Geschlechtsorgane, mit dem Ziel, geschlechtliche Lust hervorzurufen. Tatsache ist, dass sowohl das kirchliche Lehramt (...) als auch das sittliche Empfinden der Gläubigen niemals gezögert haben, die Masturbation als eine in sich schwere ordnungswidrige Handlung zu brandmarken.« Das schreit nach einer Gebührenordnung, um Geld daraus zu schlagen. Zeit für einen kleinen Businessplan: Laut dem Wirtschaftsmagazin *The Economist* verdient die Pornobranche jährlich weltweit zwanzig Milliarden Dollar. Darüber hinaus zeigen zwölf Prozent der Internetseiten pornografische Inhalte, das sind rund fünfundzwanzig Millionen Websites. Nur wenige Menschen geben es zu, aber seien wir ehrlich: Irgendwo auf der Welt müssen verdammt viele Leute vor dem Computer oder dem Fernseher sitzen und aus katholischer Sicht ordnungswidrige Handlungen an sich vornehmen. Tagtäglich begehen also Millionen, ach was, Milliarden Menschen eine sträfliche »absichtliche Erregung der Geschlechtsorgane«. Wie wäre es also, wenn die Schweizer Garde Katholitessen entsendet, die weltweit Pornoknöllchen schreiben?

»Das also ist das Werteverständnis der katholischen Kirche:
Kondom beim Sex? – Um Gottes willen.
Das Befummeln von Kindern,
ihre systematische Vergewaltigung und Folterung?
Nun ja, wir sind schließlich alle fehlbar.«
KAREN DUVE

Um fair zu bleiben: Jeder Unternehmer und Geschäftsführer wird bestätigen, dass es verdammt schwer ist, eine Firma mit eingefahrenen Strukturen auf den neusten Stand zu bringen. Wie soll das also erst bei einem Global Player sein, der seit über zweitausend Jahren im Geschäft ist? Dies ist wohl der Grund dafür, dass sich sowohl die katholische Bischofskonferenz wie auch die EKD bereits Unternehmensberater wie McKinsey ins Haus geholt haben, die konstatierten, die Kirche sei als Marke »beneidenswert attraktiv«, aber auch »dramatisch gefährdet«.

Selbst die vermeintlich relaxtere evangelische Kirche tut sich mit ihren Altlasten schwer. Es fängt schon beim vielgepriesenen Augustinermönch Martin Luther an, den die Protestanten bis heute zum Helden verklären – der war nämlich nach heutigen Maßstäben ein echtes Ekelpaket. Er unterstützte die Hexenverfolgungen – »Die Zauberinnen sollst du nicht leben lassen ... Es ist ein gerechtes Gesetz, dass sie getötet werden, sie richten viel Schaden an«, heißt es in einer seiner Predigten von 1526. Behinderte wollte Luther ersäufen, denn sie seien »wahre Teufel«, Ehebrecher wollte er mit dem Tode bestrafen, und für Frauen sei es nur recht, wenn sie an den Folgen der Niederkunft stürben: »Der Tod im Kindbett ist nichts weiter als ein Sterben im edlen Werk und Gehorsam Gottes. Ob die Frauen sich aber auch müde und zuletzt tot tragen, das schadet nichts. Lass sie nur [...], sie sind darum da.« Auch aus seinem Judenhass machte er keinen Hehl. So plädierte Luther dafür, »dass man ihre Synagoge oder Schule mit Feuer anstecke, und was nicht verbrennen will, mit Erde überhäufe und beschütte, dass kein Mensch einen Stein oder Schlacke davon sehe ewiglich«. Der Psychiater und Philosoph

Karl Jaspers stellte 1962 trocken fest: »Hitler hat Luthers Ratschläge gegen die Juden genau ausgeführt.« Kann man den Bibelübersetzer und Ablasskritiker Luther von dem Antisemiten und Menschenfeind trennen – oder müsste man sich von Kirchenseite nicht wenigstens vernehmbarer zu den schrägen Ansichten ihrer Gründerfigur äußern?

Auch in anderen Winkeln evangelischer Überzeugungen verbergen sich altbackene Dogmen, die sich nicht sonderlich vom konservativen Katholizismus unterscheiden. In einer Orientierungshilfe der EKD mit dem Titel »Mit Spannungen leben« aus dem Jahr 1996 heißt es unter anderem zum Thema Schwulenehe: »Für gleichgeschlechtliche Lebensgemeinschaften kann jedoch eine Übereinstimmung mit dem Willen Gottes aufgrund von Schrift und Bekenntnis so nicht behauptet werden. Darum wird ausdrücklich festgestellt: Die Segnung einer homosexuellen Partnerschaft kann nicht zugelassen werden.«

Als das Parlament der EKD vierzehn Jahre später in einem neuen Pfarrdienstgesetz lesbischen Pfarrerinnen und schwulen Pfarrern dann doch erlauben wollte, zusammen mit ihrem Partner im Pfarrhaus zu leben, gab's Ärger: Acht Altbischöfe gingen auf die Barrikaden und sorgten innerhalb ihrer Kirche für einen der größten Aufstände seit langem. »Die Gründe der Heiligen Schrift, mit denen die Kirche Homosexualität als widernatürlich und schöpfungswidrig zu beurteilen hat, sollten auch von denen ernst genommen werden, die sie ihrerseits ablehnen«, ließen die Aufständischen verlautbaren. Der Initiator der Rebellion, der frühere Lübecker Bischof Ulrich Wilckens, meinte, die Kirche müsse hart bleiben, »auch wenn die Gesellschaft Druck ausübt.

Homosexuellen Menschen muss die Kirche raten, bindungslos zu leben.« Solche Ansichten vertrat Wilckens auch im *horizonte*-Gespräch gegenüber David Berger, einem schwulen katholischen Theologen, der sich mit dem Buch *Der heilige Schein* zu seiner lange Jahre vor seiner Kirche geheimgehaltenen Homosexualität bekennt. Für Wilckens widerspricht eine gleichgeschlechtliche Partnerschaft dem Willen Gottes. Da er Protestant ist, sei es aber für ihn jedoch klar, dass diesbezüglich keine alttestamentarischen Regeln mehr angewendet werden müssten: »Ein homosexuell Lebender ist zwar in Sünde, wird aber ganz zweifellos in der Kirche nicht getötet.«

Schwule will also auch die protestantische Kirche nicht in ihren Pfarreien haben – aber als Frau, da ist man dort doch gern gesehen, oder? Nun, auch im zehnten Gebot der Protestanten steht die Frau ganz selbstverständlich neben Knecht, Magd, Vieh und sonstigem Eigentum des Mannes. Trotzdem dürfen Frauen bei den Protestanten predigen – und erhalten mitunter hohe Ämter. Im Gegensatz zu ihren männlichen Kollegen zeichnen sie sich vor allem dadurch aus, dass sie im Fall einer Verfehlung schneller zurücktreten, wie Margot Käßmanns Reaktion zeigte, nachdem sie blau gemacht hatte. Großes Aufsehen erregte 2010 der Rücktritt der Hamburger Bischöfin Maria Jepsen. Ihr war vorgeworfen worden, in den neunziger Jahren Hinweisen auf Missbrauch durch einen evangelischen Pfarrer in Ahrensburg nicht nachgegangen zu sein. Eine besonders bittere Pille für ihre Kirche, denn Jepsen war die erste Frau, die man jemals auf einen Bischofsstuhl gesetzt hatte. Nachdem nun die Vorzeigetheologinnen Käßmann und Jepsen nicht mehr predigen, wird es schwer, weiterhin zu behaupten, die evangelische Kirche sei ein Hort der Gleichberechtigung – zumal dies rein zahlenmäßig betrachtet noch nie so war: »Frauen und Männer zu gleichen Teilen in Führungsgremien – bei der evangelischen Kirche in Deutschland Fehlanzeige«, kommentierte WDR 5 in der Sendung *Diesseits von Eden*. Zwar sind mehr als zwei Drittel der ehrenamtlichen Mitarbeiter Frauen. Im Pfarramt ist allerdings lediglich ein Viertel der neunzehntausend Geistlichen weiblich. Bei den geistlichen Kirchenleitungen liegt der Anteil der Frauen unter zehn Prozent, in der Kirchenverwaltung bei einem Viertel, und die einsame Spitze bildet inzwischen eine einzige deutsche Bischöfin, Ilse Junkermann.

Dabei soll Kirche doch Werte vertreten – ist denn nicht die Gleichberechtigung einer davon? Allerorten sitzen beim Schwatz im TV Priester und Kardinäle mit in der Runde, um ihren Senf zu einer im weitesten Sinne als Wertediskussion zu verstehenden Zeterei abzugeben.

Der katholische Weihbischof Franz-Josef Overbeck ist der Auffassung, die Kirche sei Spitzenklasse, was die Wertschöpfung angeht: »Die Kirche ist diejenige Institution, die uns zeigt, wie überhaupt Moral zu verstehen ist und was Werte sind, die der Mensch zu leben hat, damit er ein erfülltes Leben finden kann.« Und Abtprimas Notker Wolf sieht die Kirche als Wertevermittler: »Ohne die christlichen Kirchen wäre die Frohe Botschaft Jesu längst in Vergessenheit geraten«, sagt er. »Unsere gesellschaftlichen Werte bedürfen einer Fundierung in einer darüber hinausgehenden Realität. Die sittliche Verantwortung erfolgt letztlich vor Gott.« Folgerichtig verlangten die Vertreter beider christlicher Kirchen nach einem Gottesbezug in der Europäischen Verfassung.

Aber es gibt auch Menschen, die die Religionen nicht als Motoren, sondern als Bremsklötze der gesellschaftlichen Entwicklung bgreifen. Der Philosoph und Kirchenkritiker Michael Schmidt-Salomon sagt in seinem *Manifest des evolutionären Humanismus*, dass kirchliche Moral und heutige Ethik grundsätzlich miteinander auf Kriegsfuß stehen: »Es ist eine historisch unumstößliche Tatsache, dass die fundamentalen Rechte (insbesondere die Menschenrechte), die die Grundlage für eine moderne Gesellschaft bilden, keineswegs den Religionen entstammen, sondern vielmehr in einem Jahrhunderte währenden säkularen Emanzipationskampf gegen die Machtansprüche dieser Religionen durchgesetzt werden mussten.« Als Beispiele für moderne Werte, gegen die die Kirche sich gewehrt hat, gelten etwa Gleichberechtigung, Pressefreiheit und Unantastbarkeit der Menschenwürde. Dazu kommt, dass die angeblich hehren Grundsätze der christlichen Kirchen es in den vergangenen Jahrhunderten auch nicht verhindern konnten, dass im Namen des Herrn Kreuzzüge und Hexenverfolgungen durchgeführt wurden.

Satanische Verse

Unglaublich, krass, skrupellos – Was wirklich in der Bibel steht

Wenn einer seine Tochter als Sklavin verkauft hat, soll sie nicht wie andere Sklaven entlassen werden. (2. Mose 21,7)

Wer seinen Sohn liebt, hält den Stock für ihn bereit, damit er später Freude erleben kann. (Sir 30,1)

Sechs Tage soll man arbeiten, der siebte Tag
ist heilig, Sabbatt, Ruhetag zur Ehre des Herrn.
Jeder, der an ihm arbeitet, soll mit dem
Tod bestraft werden. (2. Mose 35,2)

Die Sklaven und Sklavinnen, die euch
gehören sollen, kauft von den Völkern,
die rings um euch wohnen. (3. Mose 25,44)

Wenn du als Sklave berufen wurdest,
soll dich das nicht bedrücken;
auch wenn du frei werden kannst,
lebe lieber als Sklave weiter. (1. Kor. 7,21)

Schläft einer mit einem Mann, wie man mit einer Frau
schläft, dann haben sie eine Greueltat begangen;
beide werden mit dem Tod bestraft;
ihr Blut soll auf sie kommen. (3. Mose 20,13)

Ein Mann, der mit einer Frau während ihrer Regel
schläft und ihre Scham entblößt, hat ihre Blutquelle auf-
gedeckt, und sie hat ihre Blutquelle entblößt; daher sollen
beide aus ihrem Volk ausgemerzt werden. (3. Mose 20,18)

In der Tat klingt es seltsam, wenn sich die Kirche immer
wieder darauf beruft, dass unsere Gesellschaft ohne christliche Morallehre am Abgrund stehe. Müssten dann nicht sämt-

liche Völker, die nicht an den christlichen Gott glauben, wie die Vandalen hausen? Und müsste nicht zumindest die Kriminalitätsrate in säkular geprägten Bundesländern höher liegen als in traditionell fest im katholischen oder evangelischen Glauben verwurzelten? Tut sie aber nicht, denn sie ist in einem konfessionstechnisch ausgewogenen Bundesland wie Nordrhein-Westfalen ähnlich hoch wie im wenig religiös geprägten Sachsen-Anhalt. Wenn Christen grundsätzlich gute Menschen sind, warum hat dann eigentlich der Vatikan bis heute nicht die Europäische Menschenrechtskonvention ratifiziert? Michael Schmidt-Salomon sieht den Grund darin, dass »die Idee der Menschenrechte auch heute noch mit einem ernst gemeinten christlichen Glauben nicht zu vereinbaren ist«.

Die moralische Schieflage geht mittlerweile Gläubigen wie Gottlosen gleichermaßen auf den Keks. So gab bei einer Umfrage von kirchenaustritt.de die Mehrheit der Abtrünnigen an, dass sie vor allem wegen der Kirchensteuer und wegen der »Unzufriedenheit mit der Institution und ihren Amtsträgern« austreten – weil diese es mit der eigenen Moral manchmal selber nicht so ernst nehmen ...

STEFAN ERZÄHLT Es ist kurz vor elf am Sonntagmorgen, als Pfarrer Rötte auf der Kanzel zum Höhepunkt kommt: »Ich ermahne euch aber, Brüder, im Namen Jesu Christi, unseres Herrn: Seid alle einmütig und duldet keine Spaltungen unter euch!«

Ich sehe zu meinem Freund Patty rüber – gespalten sind wir nicht, eher im Gegenteil. Unsere Gameboys hängen aneinander, wir spielen eifrig. Rötte hat das auch gesehen und zieht die Augenbrauen hoch.

»Scheiße«, flüstere ich Patty zu.Wir wollen uns nachher auf dem Schrottplatz mit Norman, einem der Messdiener, zu einer geheimen Übergabe treffen, da können wir keine Standpauke des Pastors gebrauchen.

»Der hat andere Sorgen«, beruhigt mich Patty leise. Da hat er recht. Das ist seit langer Zeit Röttes erste Messe. Er hat vor zwei Monaten mit seinem Porsche einen Jungen von unserer Schule angefahren. Nach der Messe wird er sicher mit den Müttern rumstehen und auf die Tränendrüse drücken, also haben wir unsere Ruhe.

Wenn wir gewusst hätten, was für ein Seniorenkränzchen uns da erwartet, hätten Patty und ich uns erst gar nicht auf die Sache mit der Konfirmation eingelassen. Oder vielleicht doch. Seitdem wir Die Ärzte auf der neuen Pioneer-Anlage von Pattys großem Bruder gehört haben, sind wir in akuter Geldnot. Patty besitzt einen alten Ghettoblaster von Sony und ich eine Kompaktanlage von Schneider, die alle Kassetten frisst und auf der »Claudia hat ›nen Schäferhund« wie ein nasser Pudel klingt. Wir brauchen beide dringend Kohle für neue Beschallungstechnik, und wir wissen, dass bei vollzogener Konfirmation ein kleines Vermögen winkt.

Nach dem Gottesdienst radeln wir zum alten Schrottplatz am Fluss. Wir wollen uns dort um zwölf Uhr mit Norman treffen. Sein Vater ist ein hohes Tier im Kirchengemeinderat, also war es beschlossene Sache, dass sein Sohn Messdiener werden muss. Norman findet den Job als Glöckchenschüttler zum Kotzen, hat dabei aber eine ganz einträgliche Nebenverdienstquelle entdeckt: Er zockt die Konfirmanden ab. Zehn Mark im Monat sind die Schutzgebühr, sonst wird es unangenehm. Fast jeder im Ort kennt die Geschichte von Michael, dem Norman derart zugesetzt hat, dass er danach ein halbes Jahr lang nachts ins Bett gepinkelt hat.

Die Sonne steht im Zenit. Auf dem Schrottplatz gibt es nicht viel Schatten, und wir schwitzen. Auf dem anderen Ufer bellt Paco, der Schäferhund des katholischen Pastors. Die Katholikenbude ist für uns verbotenes Terrain. Wir waren vor einiger Zeit mit »Möppi« Schulze aus der Parallelklasse zu einer Jugendveranstaltung dort. Anschließend hat uns Pattys Mutter zusammengefaltet. »Ihr seid doch evangelisch«, hat sie geschimpft, »da geht man nicht zu den Katholiken.«

»Da kommt er«, Patty reißt mich aus meinen Gedanken. Norman rast in schwarzer Lederjacke mit dem Mountainbike heran und bremst kurz vor unseren Füßen ab.

»Und, habt ihr das Zeug?«, sagt er.

Patty kramt in seinem Rucksack, holt eine Videokassette hervor und reicht sie Norman.

»Ist dieses Mal auch eine dabei, die schluckt?«

»Ja, klar«, sagt Patty. »Hast du doch so bestellt.« Da wir beide kein horrendes Taschengeld bekommen, mussten wir lange überlegen, welchen Deal wir Norman anbieten. Die Rettung war schließlich Pattys Bruder, der in einer Videothek arbeitet. Gegen ein paar mal Autowaschen war er bereit, uns einmal im Monat einige Raubkopien zu ziehen. Seitdem bestechen wir den Messdiener mit Pornofilmen.

Norman ist schon voller Vorfreude. »Geil«, sagt er und grinst blöd. »Schade, dass ihr nächsten Monat schon Konfirmation habt. Könnte noch mehr von dem Kram brauchen.«

»Kein Problem«, meint Patty. »Machen wir dir für zehn Euro klar.«

Norman steigt auf sein Rad und dreht uns noch einen wütenden Spruch rein, bevor er Leine zieht.

Einen Monat später haben wir die Konfirmation hinter uns, und auf der Feier gab's richtig Geld. Patty hat sich gleich die neue Anlage gekauft und treibt per Lautstärkeregler seine Eltern in den Wahnsinn. Ich habe mir keine gekauft. Meine Mutter hat die Kohle abgefangen und davon den nächsten Sommerurlaub bezahlt. Jetzt muss ich sparen. Gut, dass sich Norman noch mal überlegt hat, dass zehn Mark für ein paar heiße Streifen doch nicht zu viel sind. Damit finanziert er mir jetzt meinen Musikgenuss auf Raten.

*D*ie Zweifel des Kirchenvolkes richten sich vor allem auf die Chefetage. Ist Benedikt XVI. eine Fehlbesetzung für den Stuhl Petri? In seiner ehemaligen Heimat ist der »(Un-)Fehlbare«, wie der *Spiegel* ihn nannte, inzwischen auf dem Boden der Tatsachen angekommen. Nach einem Ärger erregenden Zitat zum Islam im Jahr 2006, dem Grundsatzpapier von 2007, das den Protestanten absprach, eine Kirche zu sein, und der Aufhebung der Exkommunikation für die ultrakonservativen Pius-Bischöfe im Jahr 2009, von denen mindestens einer den Holocaust leugnet und abstruse Theorien über Gottes Richtersprüche in die Welt setzt, hat Papst Benedikt Gläubige, Ungläubige und Andersgläubige gleichermaßen vor den Kopf gestoßen.

Benedikt ist ohnehin nicht so beliebt wie sein Vorgänger. Das lassen auch die Vaticanisti, das vom katholischen Kirchenstaat akkreditierte Medienpersonal, verlauten. B16 – so ihr Kosename für den Papst – »komme nicht an in der Welt, das immer neu zu erleben, sei schmerzhaft«, so zitiert der *Spiegel* die Journalisten, die mehrere Tausend Euro dafür löhnen, dass sie auf Reisen nah am Heiligen Vater sein und quasi aus dem Schoß der Kirche berichten dürfen. Apropos Reisen: Vielleicht liegt das PR-Problem ja auch daran, dass Benedikt das medienwirksame Rollbahnknutschen abgeschafft hat, eine Lieblingsbeschäftigung seines Vorgängers Johannes Paul II., der wegen seiner Vielreiserei auch »eiliger Vater« genannt wurde.

> *»Papst John Paul wäre wesentlich beliebter, wenn er sich*
> *Papst John Paul George and Ringo nennen würde.«*
> PAUL KRASSNER

Und so bekommt Benedikt XVI. auf seinen Reisen reichlich Gegenwind. Anfang 2010 hatte die Gottesleugnerszene rund um den Bestsellerautor Richard Dawkins vor dem Eintreffen des Papstes von einem Anwalt prüfen lassen, ob man diesen anlässlich der Missbrauchsskandale wegen Verbrechen gegen die Menschlichkeit anklagen und einbuchten könnte. In Barcelona wurde er von einem knutschenden Homo-Flashmob empfangen, in Santiago de Compostela musste die Polizei größere Ausschreitungen unterdrücken, und Staatschef Zapatero setzte Prioritäten und reiste spontan nach Afghanistan. Spanien sei einem aggressiven Säkularismus ausgesetzt, rügte der Papst. »Es ist nötig, dass der Name Gottes unter dem Himmel Europas freudig wieder erklingt.« Die Toreros antworteten auf ihre Weise: Sie verpassten einer kleinen Tonfigur mit heruntergelassener Hose das Antlitz von Benedetto. Diese Figur, der »*caganer*«, zu Deutsch Scheißerchen, hat Tradition in Katalonien. Sie wird in die Nähe einer Weihnachtskrippe, meist von einem Busch verdeckt, gestellt. Wer den kleinen Schisser entdeckt, dem bringt es angeblich Glück. Viele Prominente hatten vor dem Papst schon die zweifelhafte Ehre, als »*caganer*« dargestellt zu werden, unter anderem Fernando Alonso, George W. Bush, Barack Obama, Angela Merkel, Elvis, Ronaldinho und Prince Charles. Der Heilige Stuhl war auf den Märkten Barcelonas wochenlang der Renner.

Das ist zwar nicht sonderlich nett, aber immerhin noch keine Twitter-Revolution gegen den Papst, der sich inzwischen sogar die Unterstützung seiner Anhänger verspielt. Anfang 2011 forderten zunächst einhundertvierundvierzig und schließlich insgesamt zweihundertvierzig Theologieprofessoren aus dem deutschsprachigen Raum längst fällige Überholungsmaßnahmen. Sie riefen in einem Memorandum zum offenen Dialog auf, forderten das Ende der Pflichtenthaltsamkeit, mehr Transparenz, die Zulassung von Verheirateten und Frauen zum Priesteramt, die Anerkennung von schwulen Lebensgemeinschaften, die Beteiligung des Kirchenvolks an der Wahl der Bischöfe und ein Ende des »selbstgerechten moralischen Rigorismus«. Kurz: Sie wollten die Freiheit. Aber will die Kirche das auch? Nicht, wenn man Kardinal Meisner hört. »Wo leben die denn?«, war seine Reaktion.

Davon lässt sich eine der hartnäckigsten innerkirchlichen Protestgruppen, das Volksbegehren »Wir sind Kirche«, nicht abschrecken. Seit über fünfzehn Jahren kämpfen die Mitglieder für eine Reformation der katholischen Kirche. Sie wollen die Kluft zwischen Klerus und Laien überwinden, fordern die volle Gleichberechtigung der Frauen und die Abschaffung des Pflichtzölibats, eine liberalere Sexmoral und »Frohbotschaft statt Drohbotschaft«. Also im Grunde eine Umwandlung des Katholikenclans in einen protestantischen Sozialverein – die Mitglieder der Bewegung müssen sich daher auf ihren Pressekonferenzen auch ständig die Frage gefallen lassen, warum sie denn nicht einfach zum evangelischen Glauben konvertieren.

»Wir lieben unsere Kirche, und wir werden sie nicht so einfach aufgeben«, sagt Christian Weisner, der zum Bundesteam gehört. »Wir setzen auf eine Veränderung von innen.« Die Erfolgsquote bewegt sich auf der Nulllinie – ähnlich wie bei den Schwulen und Lesben, die sich in ihrer Kirche für mehr Toleranz starkmachen –, die Kirche stellt konsequent auf Durchzug, immerhin setzt sie bereits seit Ewigkeiten auf Dogmen statt auf Demokratie.

> *»Der Glaube ist eine sechste Art von Sinn,*
> *der wirksam wird, wenn die Vernunft versagt.«*
> MAHATMA GHANDI

Vor allem die jüngeren katholischen Bischöfe scheinen wieder zu einer kompromisslosen Haltung zurückzukehren, ganz so, als wollten sie auf diese Weise aktiv gegen eine drohende Öffnung der Kirche steuern: Einer von ihnen ist Bischof Franz-Josef Overbeck, Jahrgang 1964, der mit seinen rigiden Vorstellungen über Homosexualität als Sünde von einer Talkshow zur nächsten hoppt. Ein anderer ist Franz-Peter Tebartz-van Elst, Jahrgang 1959, der von sich selbst gerne sagt, dass Gott durch ihn spreche – »das waren nicht meine Worte, das waren Seine«. Tebartz-van Elst kämpft für alte Werte, als wollte er mit seiner Kirche direkt ins Mittelalter zurückkehren. Er kritisiert die Medien und die Geisteshaltung in westlichen Gesellschaften und widerspricht Bundespräsident Christan Wulff scharf – der Islam gehöre keineswegs zu Deutschland. Der Bischof liebt's überdies üppig: So entsteht auf dem Limburger Domberg hinter den hohen Mauern eines alten Adelshofes ein prachtvoller Herrschaftssitz für Tebartz-van Elst, mit Empfangs- und Serviceräumen und einer eigenen Privatkapelle, Kostenfaktor: geschätzte zehn Millionen Euro. In der Stadt sieht man den neuen Vorbeter nur im schwarzen BMW mit abgedunkelten Scheiben – das Hinweisschild »Bischof von Limburg« weist darauf hin, wer sich hier gerade kutschieren lässt.

Gleichzeitig hat der Bischof seinem Bistum ein strammes Sparprogramm verordnet. Die Zahl der Gemeinden, Messen und Seelsorger wird beträchtlich eingedampft, und in den Gemeinden sammeln die Gläubigen bereits selber Spenden, um ihre Kirchen vor dem Verfall zu bewahren. In fünf Jahren soll die Zahl der Pfarreien von rund dreihundert auf vierzig sinken. Die Befürchtung des Theologen Dexelmann: »Dabei kommt eine andere Kirche heraus: Aus Seelsorgern werden Kultpriester.«

Im vergangenen Jahr hatten Tebartz-van Elsts Kollegen dann endgültig die Nase voll von seinen Sprüchen: Zweihundertfünfundvierzig katholische Priester unterschrieben den Brandbrief »sos – Dies ist ein Aufschrei von Seelsorgern im Bistum«. Die Geistlichen kritisierten den »Hochglanzkitsch« des Bischofs, seine »selbstverliebten Rituale« und seinen »klerikalen Dünkel« – die »Luft zum Atmen wird uns sehr dünn«, klagten sie. »Die Kluft zwischen Gläubigen und Kirchenführern ist stark gewachsen«, stellt Priester Hubertus Janssen fest.

Doch aus dem Pool der Gläubigen soll schließlich mal das zukünftige Personal der Kirche kommen. »Die Kirchen machen aus ihrer Botschaft kein modernes Angebot«, so der ehemalige Religionslehrer und Sprecher von »Wir sind Kirche«, Magnus Lux. »Ihr Brimborium törnt ab, die veralteten Riten sind für Jugendliche nur noch albern. Viele junge Menschen fragen sich: Was bringt mir das überhaupt noch?«

> *»Ich glaube nicht an den alten Herrn mit dem weißen Bart*
> *da oben im Himmel.«*
> BEN BECKER

Wer soll sich also noch für die Glaubensorganisation einsetzen, wenn der Funke nicht schon in jungen Jahren übergesprungen ist? Es ist nicht verwunderlich, dass der Gottesclan inzwischen ein ernstes Nachwuchsproblem hat.

Der Priestermangel zwingt die Bischöfe schon jetzt zur Zusammenlegung von Gemeinden und zur Schließung von

Gotteshäusern. Mehrere Hundert Kirchen stehen deutschlandweit zum Verkauf oder sind gar vom Abriss bedroht, die Zahl der Gemeinden in den Bistümern wird weiter schrumpfen. An den theologischen Fakultäten ist massiver Personalabbau im Gange. Katholischer Priester zu werden, das scheint nicht mehr en vogue zu sein: Seit Mitte der achtziger Jahre sinkt die Zahl der neu aufgenommenen Priesterkandidaten rapide: Gab es 1983 noch insgesamt achthundertneunundzwanzig angehende Diözesan- oder Ordenspriester, waren es 2005 nur noch zweihunderteinundvierzig. Es fehlt der Nachschub von den Unis: Die Zahl der evangelischen Studenten hat sich in diesem Zeitraum halbiert, die der katholischen ist um vierzig Prozent gesunken.

Wie schwierig es ist, junge Anwärter für den Traditionsberuf des Priesters zu begeistern, weiß auch Franz Joseph Baur, Regens des erzbischöflichen Priesterseminars St. Johannes der Täufer in München. Wir treffen ihn und zwei seiner Priesterkandidaten im idyllischen Innenhof der Einrichtung, wo ein Springbrunnen plätschert und Mußestunden erahnen lässt. Doch der Schein trügt, denn wer es mit der Ausbildung ernst meint, muss sich an einen strammen Tagesablauf gewöhnen: Morgens um halb sieben gibt es ein knackiges Morgengebet – »da wird schon geschaut, wer am Abend zuvor im Bierstüberl war und durch Abwesenheit glänzt«, so Baur. Um sieben Uhr findet die Heilige Messe statt, danach wird gemeinsam gefrühstückt. Den Morgen verbringen die Aspiranten an der Uni, der Nachmittag ist mit weiteren Kursen im Priesterseminar verplant, in denen etwa Stimmbildung gelehrt oder per Rollenspiel die Eheberatung geübt wird. Man kann zwischendurch gar nicht auf dumme Gedanken kommen.

»Nur noch wenige junge Menschen können sich ein Leben nach so strengen Regeln vorstellen«, sagt Regens Baur. »Es passt nicht mehr in die heutige Zeit, sich für ein ganzes Leben festzulegen. Während andere in ihrem Leben zwölf Arbeitgeber haben, haben Sie als Priester nur einen.« Rund ein Drittel der Studierenden bricht die Ausbildung ab, weil sie die engspurige Lebensführung nicht ertragen oder lieber eine Familie gründen möchten.

Wer Priester werden will, muss Überzeugungstäter sein. So wie Florian Haider. »Der lebendige, persönliche Gott ist für mich der Partner fürs ganze Leben«, sagt der sechsundzwanzigjährige Priesteranwärter und sieht dabei äußerst zufrieden aus. »Das Verhältnis zu Gott ersetzt für mich Ehe und Kinder.« Allerdings hat er auch erfahren, dass man mit einem solchen Lebensentwurf im Freundeskreis schief angesehen wird. »Man wird schon mit vielen Vorurteilen konfrontiert«, bestätigt sein Seminarkollege Mario Haberl, ein schlaksiger junger Mann Anfang zwanzig mit dunklen Haaren. »Meine Freunde haben mich erst mal gefragt, ob ich einen Schlag habe, dass ich Priester werden will.«

Durchsetzen kann man seine Berufswünsche nur, wenn man vollkommen hinter der Lehre der Kirche steht. »In der Bibel ist die Praxis der Homosexualität zum Beispiel ein klares No-go«, erklärt Florian Haider. »Die Zehn Gebote spiegeln den Willen Gottes. Man darf sie nicht drehen und wenden, wie man will, und sich irgendwie seine eigene Religion basteln.« Auch das Priesteramt für Frauen kommt für ihn nicht in Frage, denn »Christus war ein Mann, und Priester repräsentieren Christus«.

»Die offizielle Kirche
hat bei allen aktuellen Fragen der Zeit immer versagt.«
PROBST HEINRICH GRUBER

Am Springbrunnen im Innenhof des Münchner Priesterseminars mögen diese Vorstellungen zur eigenen Lebens-
welt passen – aber schon ein paar Meter weiter, draußen
auf der Straße, schütteln viele Menschen den Kopf, wenn
mystische Erlebniswelten auf aufgeklärten Realismus treffen. Viele meinen deshalb, dass man die Kirche gar nicht
mehr zwangsläufig braucht, wenn man an etwas glauben
will. Wer sich als Gläubiger nur noch mit einzelnen Stein-
chen aus dem Kirchenmosaik identifizieren kann, der kocht
sich lieber sein eigenes Christussüppchen. Und wer etwas glaubt, behält das lieber für sich oder gesteht es allenfalls unter Gleichgesinnten, denn der Gläubige ist heute
schnell der Doofe. Was Nachbarn, Bekannte und Kollegen
über Gott und die Welt denken, weiß man daher oft gar
nicht.

Auch Fußballtrainer Frank Schaefer hätte seinen Glauben
vielleicht lieber unter den Teppichrasen gekehrt, nachdem
er dafür übel gefoult worden war. Gerade rettete er noch den
1. FC Köln vor dem Abstieg, als plötzlich seine Mitgliedschaft bei einer evangelikalen Freikirche auf der Tagesord-
nung stand. »Entscheidet sich etwa hier Schaefers Zukunft?«,
schrieb die BILD unter ein Foto seiner Kirche. Manch einer
befürchtete, dass Schaefers Glaube seiner Arbeit als Coach im
Wege stehe. Nach dem freiwilligen Rückzug des FC-Coachs
titelte der Express: »Jetzt hilft nur noch beten.«

Gläubige unterhalten sich daher in vielen Fällen lieber mit niemandem mehr darüber, aus Angst, dass sie für bekloppt gehalten werden, wenn sie eingestehen, dass sie an eine höhere Macht glauben. Warum auch nicht, hat doch Jesus schon gesagt: »Geh in deine Kammer, wenn du betest, und schließ die Tür zu; dann bete zu deinem Vater, der im Verborgenen ist.« So findet sich heute kaum noch jemand, der seinen christlichen Glauben öffentlich auslebt und sich dabei zu strengen Kirchenregeln bekennt.

Eine Gruppe von Christen, die sich auf dem Rückzug ins Private befinden, ist die geistliche Gemeinschaft Motoki, deren Vereinsraum in einem Stadtteil von Köln liegt. Zwischen Plüschsofa und Kaffeetafel geht es in gemütlicher Wohnzimmeratmosphäre zurück zu den Wurzeln des Christentums. Kleine Konzerte und Ausstellungen – wer hier nicht genau hinsieht, würde zunächst mal nichts Christliches vermuten.

Motoki ist klein und will es auch sein: Ganze fünfzehn Leute bilden den festen Kern vom Motoki-Kollektiv. Gegründet haben sie sich während des Studiums in Köln, weil sie sowieso ständig über Gott und die Welt diskutiert haben und ihren Glauben gemeinsam ausprobieren wollten. Inzwischen sind etwa sechzig Leute mehr oder weniger regelmäßig dabei und helfen bei Veranstaltungen im gemieteten Ladenlokal mit. Einmal in der Woche gibt es einen Stammtisch, am Sonntag werden Psalmen gelesen und es wird gebetet. Das Wort Motoki ist ein Kunstwort aus zwei japanischen Wörtern für Baum, *moto* und *ki*. Der Baum versinnbildlicht das, was die Gruppe möchte: im Glauben verwurzelt sein und selbst Äste bilden, um das, was man erfahren hat, für andere zur

Verfügung zu stellen. Michael Schmidt, einer der Gründer von Motoki, sagt, die Gemeinschaft gebe keine Regeln vor, sondern orientiere sich am christlichen Glaubensbekenntnis. »Wir sind auf einer Reise und probieren aus«, stellt er klar.

Ähnlich freigeistig und experimentell sehen sich auch die Jesus Freaks, eine charismatisch-evangelikale Vereinigung, für die der kleinste gemeinsame Nenner der Messias ist. Sie sind überzeugt, dass es sich lohnt, mit Jesus zu leben – auch ohne Amtskirche. »Unsere Vision ist es, dass in unserem Land, in Europa und überall auf der ganzen Welt Menschen für Jesus aufstehen, weil ein kompromissloses Leben mit Jesus das coolste, heftigste, intensivste und spannendste überhaupt ist«, steht in ihrer Charta.

Ein ehrlicher, unschuldiger Flirt mit dem Himmel oder verrückter Quatsch? Wir wollen uns live vor Ort ansehen, wie man Glauben modern und ohne Kirche lebt – beim Freakstock, ihrem christlichen Musikfestival. Das Credo der Jesus Freaks: Der Herr hatte eine geile Botschaft mit coolem Soundtrack. E-Gitarren statt Engelsposaunen! Ist das die Route 666 oder der Highway to Heaven?

Es ist Sommer, irgendwo in der toten Zone zwischen Paderborn und Kassel. Der Festival Planner und das hellblaue Besucherbändchen aus Plastik erinnern uns vage ans letzte Open-Air-Konzert, genau wie die campenden Leute, die mit einem Bierchen in der Hand auf Liegestühlen in der Sonne chillen und das Freakmagazin *Der kranke Bote* lesen. Manche von ihnen tragen T-Shirts mit dem Freakstock-Zeichen, einem A und O für Alpha und Omega, dessen Form stark an das Anarchie-Zeichen erinnert – und damit daran, dass die

Wurzeln der Gemeinschaft in der Punksze-
ne liegen. So kann christliche Gemeinschaft
also auch aussehen.

Der größte Grund, warum die unterschiedlichen Leute auf dem Festival zu-
sammenkommen, ist
in erster Linie Gott, in
zweiter erst Musik.
Über der Bühne, auf
der der Gottesdienst,
genannt Hauptseminar, stattfin-
den soll, steht in weißen Lettern: *Thanx Jesus! It's
all about you! God is in control and he never makes a mis-
take!* Rechts und links neben der Bühne befinden sich vor den
Lautsprechern zwei große Aufsteller aus schwarzer Gaze, auf
denen in weißen Lettern der Freakstock-Schriftzug und das
Jesus-Freaks-International-Zeichen prangen. Die ersten Got-
tesdienstbesucher kommen bereits an, breiten ihre Decken
aus und pflanzen sich auf den Rasen. Ein glatzköpfiger Mann
mit einem weißen T-Shirt, das ihn als »Wurstapostel 10« aus-
weist, hat am Bierstand seinen Platz bezogen. Daneben steht
einer mit Kelly-Family-Shirt und Vokuhila. Wurstapostel und
Vokuhila hätten im richtigen Leben vermutlich nicht besonders viel miteinander zu reden, hier stehen sie einträchtig
beisammen. Jetzt stößt noch ein »Beter« zu ihnen, zumindest
weist sein T-Shirt ihn als einen solchen aus. Alle drei tragen
knielange Armeehosen.

Bevor die Show richtig beginnt, betritt Hauptseminar-
Sprecher Henni die Bühne und macht eine wichtige Ansage.
»Das Klopapier ist ausgegangen. Ihr habt's geschafft – zu viel

geschissen!« Dann erzählt er, wie ein Kumpel sich auf Freak-stock einen Spaß daraus gemacht hatte, den anderen vors Zelt zu kacken. »Einer war so erbost drüber, dass der ihm sein ganzes Auto mit Kot vollgeschmiert hat. Bitte lasst so was.«

Für Dagmar Begemann, die die Jesus Freaks in Nürnberg mit aufgebaut hat, ist genau das Laienpriestertum ein Plus: »Die Kirche kann nur von uns lernen, denn das Priestertum wird es aus demografischen Gründen nicht mehr so lange in dieser Form geben«, sagt sie. »Bei den Jesus Freaks mussten wir die Struktur von Anfang an anders aufbauen, weil wir nicht über große Mittel verfügen. Wir überlegen, wie muss man Theologie vielleicht neu denken für eine neue Zeit.«

Beim Gottesdienst erklärt Henni sehr geduldig, dass Jesus keine medizinische Fußpflege meint, wenn er Simon Petrus die unteren Gliedmaßen waschen will, sondern dass dies eine symbolische Handlung sei, bei der es um Nächstenliebe, Erlösung und Glauben geht.

Henni lächelt. »Und das ist 'ne geile Sache.« Es sei unver-meidbar, im täglichen Leben Fehler zu machen. Die Frage sei, was aus den Fehlern erwachse. »Da kann große Scheiße bei rauskommen.« Es sei die Aufgabe aller, sich von diesem Dreck gegenseitig zu befreien. Jetzt wird klar, warum das Klo-papier so schnell alle war.

Ein anderer Ort, an dem man – zumindest in Teilzeit – verbindliche und gleichzeitig freie religiöse Gemeinschaft erleben kann, ist die weltberühmte ökumenische Ordens-gemeinschaft von Taizé in Burgund. Kirche, aber ohne Dog-men? »Taizé zieht deswegen viele junge Leute an, weil sie merken, dass wir keine Angst vor Fragen über Gott haben«, vermutet Frère Richard, ein Schweizer in der Taizé-Bruderschaft. »Wir sind nicht besser als andere – und das wirkt auf die Jugendlichen authentisch.« Taizé haftet das Image einer einfachen und besseren Welt an, das durch die simple Lebensweise und nicht zuletzt durch die Taten des Gründers, Frère Roger, entstanden ist, der zu Zeiten des Dritten Reichs Juden und Oppositionelle versteckte. Jeder ist willkommen, die Brüder predigen nicht von oben herab, sondern auf Augenhöhe.

Das hat offenbar auch Lena »Oh mein Gott – ich dreh durch!« Meyer-Landrut gefallen. Sie hat nicht nur auf ihrem Oberarm ein Tattoo der Ritterlilie, die als Zeichen christlicher Pfadfinderinnen gilt, sondern trug beim Grand-Prix-Sieg auch den Taizé-Schmuck am Hals – eine Melange aus Taube und Kreuz. Bei den Klosterbrüdern hatte sie vor dem esc-Trubel eine Woche im Rahmen einer Jugendreise verbracht und danach in einer Geo-Reportage geschwärmt: »Es ist kein Gefühl, das es schon gibt. Es ist das Taizé-Gefühl – total viel Glück!« Holy Lena scheint in Taizé hart gebetet zu haben. Um herauszufinden, was das Faszinierende an dieser Erfahrung ist, fahren wir zum Taizé-Jugendtreffen nach Rotterdam, wo sich dreißigtausend Junge und Junggebliebene aus ganz Europa treffen, um gemeinsam zu singen und zu beten.

Die karge Halle in einem Veranstaltungszentrum in Rotterdam-Süd, in der wir uns zum Gebet treffen, hat einen äußerst hart und kalt aussehenden Betonfußboden, bei dessen Anblick noch kein Glück aufkeimt. Zwei Nonnen in unserer Nähe haben sich vorsorglich eine Isomatte mitgebracht. Der Saal füllt sich mit jungen Menschen. Die meisten Jugendlichen hier kommen aus den Niederlanden, dicht gefolgt von

Polen, aus Deutschland sind es immerhin noch eintausendzweihundert junge Menschen.

Der Bereich in der Mitte vorn ist für die weiß gewandeten Brüder aus Taizé reserviert und wird von oben angestrahlt. Kurze Zeit später beginnt der vielstimmige Gesang »Venite exultemus Domino«, einer der typischen Taizé-Gesänge. Immer mehr Menschen fallen ein. Gesang, Psalmen, Lesungen – und schließlich Stille. Der Saal schweigt bis auf den letzten Platz, man könnte eine Stecknadel fallen hören, und das ist bei dieser Menschenmasse beachtlich.

In Taizé gleicht das Gebet so sehr der Meditation, dass sich oft auch Nichtgläubige davon angezogen fühlen. Das Geheimnis liegt in der simplen Wiederholung, im gemeinsamen Singen beruhigender Formeln. Doch auch die Brüder haben nicht mehr so viel Nachwuchs wie einst: »Viele stellen sich die Frage, ob sie zu uns gehören wollen, und das freut uns«, sagt Frère Richard, »aber für junge Menschen ist es natürlich schwierig, sich heute dauerhaft zu binden, aus Angst, etwas zu verpassen.«

Wer das Christentum lieber in kleinen Dosen zusammen mit Sex, Drugs and Rock'n'Roll genießt, ist deshalb vielleicht am besten bei den allerkleinsten Glaubenseinheiten aufgehoben: christlichen Rockgruppen. Neben allerlei christlichen Rockbands oder Kuschelpop der bekannteren Art vom larmoyanten Xavier Naidoo, gibt es in der Liste der Lobpreissinger auch White-Metal-Bands. Eigentlich ein Widerspruch, denn ein Merkmal der Musikrichtung Metal ist eine eher kritische Haltung zum Christentum, und Bands aus dem Black Metal sind sogar eher für den Satan zu haben. Christlicher Metal – auch White Metal oder Christ Metal genannt –, das ist ein wenig so, als würde Dita von Teese ihre Show demnächst im hochgeschlossenen Dreiteiler hinlegen: Für viele hätte es wenig Sinn. Zu den bei weitem merkwürdigsten Auswüchsen der christlichen Musikszene gehört allerdings eine Band aus Hamburg, die sich die Jesus Skins nennen. Ihre Songtitel sprechen Klartext im Namen des Herrn: »Für immer Christ«, »Oi! Oi! Amen!« und »Unser Kreuz braucht keine Haken«. Die Jesus Skins bestehen – angeblich seitdem Judas aus der Band flog, weil er Geld geklaut und es versoffen hatte – nur noch aus Markus, Mathäus, Lukas und Johannes. Aber auch ohne Judas macht das Vokalapostelquartett noch so viel Krach, dass man befürchten muss, der Heiland würde schon allein davon wieder auferstehen. »Thor war ein Verbrecher, und Odin war ein Tor, und wer an so 'ne Scheiße glaubt, den knöpfen wir uns vor. Denn wir sind Skins und Christen, preisen Gott den Herrn, prügeln Heiden windelweich, und so was tun wir gern«, singen sie – und lassen damit wenig Zweifel daran, was sie mit Glaubensfeinden anstellen würden.

»Die Kirche sagt, du sollst deinen Nachbarn lieben.
Ich bin überzeugt, dass sie meinen Nachbarn nicht kennt.«
SIR PETER USTINOV

Würde es also vielleicht helfen, die Kirche einer Rundumerneuerung zu unterziehen und ihre Rituale mit Pop aufzupeppen, um sie für solche potenziellen Mitglieder fit zu machen? Die Glaubensvertreter versuchen es erst mal mit Make-up. Da wird der Papst vom Stellvertreter Gottes zum

Medienstar, wenn er im April 2007 auf dem Cover des Gesellschaftsmagazins *Vanity Fair* mit der Schlagzeile »Ein Popstar wird 80« erscheint oder wenn das Männermagazin *Esquire* ihn wenig später seiner roten Schuhe wegen gar zum »Accessorizer of the Year« wählt, was den *Osservatore Romano* zu der Feststellung veranlasste: »Der Papst trägt nicht Prada, sondern Christus.« Wenn das nicht hilft, wird der offizielle Jugend-Katechismus kurzerhand zum YOUCAT. Und Homer Simpson wird vereinnahmt, um die junge Fanschar zu erreichen. Die Zeitung des Vatikans meinte, in der Folge »Der Vater, der Sohn und der heilige Gaststar« erkannt zu haben, dass Homer Anhänger der katholischen Kirche ist. »Es wissen nur sehr wenige, und er tut wirklich sehr viel, um es zu verstecken. Aber es ist wirklich wahr, Homer Jay Simpson ist ein Katholik.«

Der Kulturjournalist Alexander Kissler bemängelt angesichts solch verzweifelter Versuche die Eigenständigkeit einer Kirche, die sich vom Segnen auf das Umweltschützen und auf Sozialbelange fernab vom wahren Glauben verlegt hat. »Traurig, orientierungslos, verzweifelt rennt die Kirche einem Trugbild von Zeitgenossenschaft nach, das nur grotesk wirkt«, schreibt er im *Focus.* »Kirche aber, die redet, wie alle reden, und die will, was alle wollen, schafft sich ab.«

Warum nimmt sich die Kirche nicht ein Vorbild an denjenigen, die am Mund des Volkes kleben – oder ihm an selbigen den Krug halten? Der Münchner Pfarrer Rainer Maria Schießler geht einen ungewöhnlichen Weg, indem er auf dem Oktoberfest Bier serviert. Für ihn ist die Wiesn – ein Hort des Alkohols, der Völlerei und für viele Besucher auch des Quickies hinterm Hacker-Pschorr-Zelt – kein Widerspruch zur christlichen Lehre. »Mei, der Religionsgründer Jesus von Nazareth hatte den offiziellen Beinamen ›der Fresser und Säufer‹, so steht's im Evangelium. Er war ein mittelloser Rabbi, der sich von den Leuten hat aushalten lassen und der ständig kritisiert wurde, weil er mit Sündern an einem Tisch sitzt«, sagt Schießler. »Ich wüsst' nicht, dass das eine Sünde ist, dass man trinkt und feiert. Natürlich ist das Besäufnis kein christliches Ziel! Aber das Oktoberfest gibt es nun einmal, und da leben, arbeiten und feiern die Menschen – da gehört Kirche jetzt auch hin.« Der Pfarrer spendet seinen Lohn von der Arbeit als christlicher Bierexpress und betreibt nebenbei noch Seelsorge für Besucher und Bedienungen auf der Wiesn. Ungewöhnlich ist, dass seine Gottesdienste gut besucht sind und die Menschen auch schon mal klatschen, wenn sie etwas gut finden. Schießler bleibt nicht vorn an der Kanzel stehen, sondern läuft durch den Mittelgang und nennt den Zölibat überholt und die Volksferne der Bischöfe »ungut«. »Ich find's unmöglich, wenn einer der Kardinäle sagt, Homosexuelle kommen nicht in den Himmel. Was soll denn der Mist? Wir haben doch hier keine Märchenstunde. Erstens: Woher weiß er das?, zweitens: Meine Aufgabe ist es doch nicht, den Menschen Angst zu machen, und drittens interessiert's doch sowieso kaum noch jemanden, was da irgend so einer aus Rom sagt. Das ist doch völliger Humbug.«

Schießler ist eine One-Priest-Show. Kommen so viele Menschen zu ihm in die Kirche, weil sie hoffen, dass er auch vom Altar aus eine Maß statt eine Hostie ausschenkt? Wohl eher, weil er den Menschen aus dem Herzen spricht und man in seiner Messe nicht einschläft. Der Mann hat Charisma, er ist ein Original – selten in unserer Zeit, noch seltener in der Kirche.

»Nicht nur Gott, auch der Glaube an sich
ist unbeweisbar. Nicht einmal der Papst kann beweisen,
dass er glaubt, woran zu glauben er vorgibt.«
FRIEDRICH DÜRRENMATT

Für die Kirche sind Leute wie Schießler bedrohlich. Mit ihrer liberalen Einstellung rütteln sie an den Grundfesten der Organisation – am Katechismus. Vieles spricht dafür, dass eine Änderung der Statuten fatal für die Kurie wäre. Wenn es der Kirche nur darauf ankäme, ihre Gebäude zu füllen, dann hätte sie die Kohle, um Paul Wesley einzuladen, von der Kanzel aus über seine Rolle in den *Vampire Diaries* zu plaudern. Auf diese Idee käme aber keiner, denn das hat nichts mehr mit Religion zu tun. »Wie also kann ich den Glauben an die neue Generation weitergeben?«, fragt Kurienkardinal Walter Kasper. »Ich weiß: Das funktioniert sicher nicht dadurch, dass ich die Kirche einfach an die heutige Gesellschaft anpasse.« Innerhalb der Logik der Kirche hat er recht, denn egal, um welche der zwei christlichen Amtskirchen es geht – diese basieren auf der göttlichen Offenbarung der Bibel. Deswegen schrecken die Kirchenoberen davor zurück, die Bibel nach dem Wind des Zeitgeists zu hängen und so auszulegen, wie es gerade am besten zum aktuellen Tagesgeschehen passt. Sie konzentrieren sich lieber darauf, Althergebrachtes zu bewahren, indem sie eine bekannte Buchhandelskette unter Verbalbeschuss nehmen, weil diese es gewagt hat, zu Ostern mit dem Slogan »Die schönsten Geschenke zum Hasenfest« zu werben. Statt wirklicher Erneuerung werden gerne auch Fakten geschaffen, die nicht sichtbar sind und sich im Dachstübchen ihres Glaubensgebäudes befinden. Zum Beispiel schaffte Benedikt XVI. Anfang 2011 die Vorhölle für Babys ab. Damit bewegte er wirklich was – er errettete Millionen von Babyseelen in den Entwicklungsländern. Nachprüfbar ist das leider nicht, aber man kann nicht sagen, dass er sich nicht bemüht hätte – immerhin kann er so endlich wieder mit dem Islam gleichziehen: Dort kamen totgeborene Babys nämlich bisher auch direkt ins Paradies. Die Auflösung der Babyvorhölle kostete den Vatikan nichts außer der Arbeitszeit einer dreißigköpfigen Beratungskommission, die Exhölle bringt in Ländern mit einer hohen Kindersterblichkeit bei den Gläubigen und Missionierungskandidaten Bonuspunkte und ist überdies ungefährlich für das Fundament der Kirche: Am Katechismus und damit an den Grundfesten seiner Religion muss der Papst mit diesem Akt der Güte nämlich nicht rühren, denn dort steht nichts über den Limbus infantium – die Vorhölle war seit Jahrhunderten eine bloße Hypothese seiner Religion.

Im Gegensatz dazu würde ein Infragestellen des Katechismus – auch in Teilen – das gesamte Glaubensgebäude in Zweifel setzen, die Kirche würde damit einen nicht zu unterschätzenden Machtverlust riskieren, die dogmatisch begründete Hierarchie kollabieren. Dass diese Gefahr droht, zeigt die evangelische Kirche. Obwohl sie demokratischer und liberaler aufgestellt ist als die katholische Kirche, treten bei den Protestanten von jeher mehr Mitglieder aus. 2010 bildete eine Ausnahme – sicherlich ist dies mit den aktuellen Geschehnissen zu erklären. Dass es sonst andersherum ist, mag daran liegen, dass das evangelische Glaubensgebäude mehr Freiraum bietet. Wirklich gläubige Menschen scheinen gerade heute, in einer Welt voller Möglichkeiten und Chancen, ein eher starres System mit klaren Ansagen zu brauchen – das finden sie nicht nur bei den Katholiken, sondern verstärkt auch bei freikirchlichen, meist evangelikalen Einrichtungen, mit denen die EKD mittlerweile auch offen sympathisiert, in der Hoffnung, verlorene Schafe zurückzugewinnen.

Wer nicht aussteigt, hat dafür aber oft einen beruhigenden Grund: Mit der monatlichen Kirchenspende tut man etwas für den guten Zweck. Oder nicht? Die Kirche nimmt mit diesen Geldern eine wichtige gesellschaftliche Funktion wahr, indem sie soziale Einrichtungen unterhält, jedenfalls bringt sie das bei allen passenden und unpassenden Gelegenheiten zu Gehör. Die Kirchensteuer, die wir Monat für Monat abdrücken, kommt Kindergärten, Krankenhäusern und sozialen Diensten zugute – das glaubt inzwischen die Mehrheit der Deutschen. Auf die Frage »Wofür sind Ihnen Kirchen wichtig?« antworteten dann auch siebenundsiebzig Prozent, »um Kindergärten und Krankenhäuser zu betreiben«, und nur sechsundvierzig Prozent, »um Gottes Wort verbindlich zu deuten«.

Auf die Frage, ob er sich ein Ende der Kirchensteuer vorstellen könnte, sagte Kardinal Lehmann im Sommer 2009: »Der Staat weiß viel zu gut, wie viele Aufgaben und Lasten wir übernehmen – etwa in Kindergärten, Schulen oder Krankenhäusern.« Auch die kirchlichen Medien pflegen die Geschichte von der milden Gabe. Auf der Seite katholisch.de heißt es: »Viele Angebote der Kirche wie soziale Dienste, Caritas oder Lebensberatung sind für alle Bürger kostenlos zugänglich. Ohne die Kirchensteuer müsste der Staat ein Gros dieser Einrichtungen übernehmen und damit wieder den Steuerzahler belasten. Kirchliche Angebote stünden vor allem Kirchenmitgliedern offen. Alle anderen müssten für Dienste wie katholische Kindergartenplätze selbst bezahlen.«

»Hey, ich bin Pastor, trallali trallala trallahopsassa,
Ja, ich bin Pastor, ich mach, was mir gefällt.
Geben, das ist toll, klingelingeling, hier kommt mein Beutel,
Ihr sollt selig sein, dafür sacke ich die Kohle ein.«
OLIVER KALKOFE

Wie viel Geld gibt die Kirche wirklich zu den sozialen Einrichtungen dazu? Und wie sehr ist sie auf unsere Spende im Klingelbeutel angewiesen?

Seit ihren Gründertagen am See Genezareth hat die Kirche eine Wachstumsgeschichte hingelegt, die jedem eingefleischten Börsianer die Freudentränen in die Augen treiben müsste. So wie Bill Gates aus einer Garagenbastelbude ein Weltunternehmen machte, führten die Päpste eine kleine Splittergruppe des Judentums aus einer Fischerhütte in die Beletage der Wirtschaftsmächte. Dort hat sich die katholische Kirche seit Jahrhunderten als Global Player etabliert und im Laufe der Zeit selbst mächtige Dynastien wie die Fugger wie Schießbudenbetreiber aussehen lassen. Das Vermögen des Vatikans wird heute auf eine immense Summe irgendwo zwischen elf und zweihundertsiebzig Milliarden Euro geschätzt, da sind sich die Experten nicht so ganz einig, und wegen strenger Geheimhaltung kann auch niemand die genaue Finanzlage nachvollziehen. Es ist auf jeden Fall ein ziemlich dicker Batzen Geld, den der Glaube an einen Allmächtigen erwirtschaftet hat.

Auch heute erhält die Kirche noch die Hälfte ihrer Einnahmen aus Mitgliedsbeiträgen. Weitere Einkünfte stammen vom Staat, kircheneigenen Geldinstituten wie der Pax- und Liga-Bank oder aus Beteiligungen an Unternehmen wie dem katholisch organisierten Weltbildverlag, der es allein im Geschäftsjahr 2009/2010 auf 1,6 Milliarden Gesamtumsatz brachte. Wie viel die Kirche durch Devotionalienhandel mit Heiligenbildchen, Kitschkreuzen oder Jesusfiguren und den Eintrittsgeldern für Museen, Sonderbriefmarken, Münzen oder dem päpstlichen Segen auf Schmuckpapier einnimmt, weiß kein Mensch außerhalb der Kirche. Sicher ist aber, dass sich größere Abteien wie Maria Laach alleine durch ihre Merchandising-Artikel über Wasser halten können.

Nur wer Geld hat, kann auch Unfug damit anstellen, das war klar, als es 2010 in den Medien um das Geldmanagement der Kirche ging. Gleich drei Vorwürfe auf einmal wurden laut: Missmanagement, Veruntreuung und Prunksucht. Mehrere Finanzaffären erschütterten die katholische Kirche, nicht nur in Augsburg, wo der beherzte Griff von Bischof Walter Mixa in die Kasse einer Kinderheimstiftung Staub von den Kirchenbänken aufwirbelte. Allein im Bistum Magdeburg sind über vierzig Millionen Euro einfach nicht mehr aufzufinden, in Limburg verschwanden fünf Millionen, in der Diözese Münster flogen dreißig Schwarzkonten eines leitenden Geistlichen auf – während deutschlandweit in Pfarreien Stellen und Mittel für die Gemeindearbeit gestrichen werden. »Teuflische Verhältnisse« sah auch die SZ im Zusammenhang mit dem Buch *Die Vatikan AG* in den Finanzen der Gottesmänner.

Missstände wie diese deckt Carsten Frerk in seinem *Violettbuch Kirchenfinanzen* auf und widerlegt damit das Märchen vom bedürftigen und wohlmeinenden Gotteshort: In Wirklichkeit werden viele kirchliche Ausgaben wie kirchliche Schulen, Hochschulen und Kindergärten, diakonische und karitative Einrichtungen, Entwicklungshilfe, Militär- und Anstaltsseelsorge, Religionsunterricht oder Denkmalpflege und Baulasten der Kirchen von Steuergeldern bezahlt – unabhängig vom Kirchensteueraufkommen. Darüber hinaus zahlen die deutschen Bundesländer Staatsleistungen an die Kirche, die laut beiden Kirchen Entschädigungen für eine Enteignung kirchlicher Güter Anfang des 19. Jahrhunderts seien: Die Humanistische Union errechnete jüngst, dass seit Ende des Zweiten Weltkriegs 14 Milliarden Euro deswegen an die Kirche geflossen sind. Dass dies weitgehend nicht in Frage gestellt wird, ist laut Frerk ein »Erfolg des kirchlichen Lobbyismus« und »der Fantasie der Staatskirchenrechtler«, denn »dass die Bischöfe enteignet worden sein sollen, ist bereits eine Legende. Die betreffenden Gebiete gehörten der katholischen Kirche gar nicht, sondern es handelte sich weitestgehend um Reichslehen. Insofern kann auch von keiner Entschädigung – wofür auch? – die Rede sein«.

Trotzdem zahlt der Staat Unsummen für den Unterhalt und die ständige Sanierung von Kathedralen und anderen kirchlichen Gebäuden. Er übernimmt die Personalkosten für Religionslehrer ebenso wie die Rechnung für den Messwein bei Soldatengottesdiensten und die Rente vom zurückgetretenen Bischof Mixa. Von den jährlichen rund fünfundvierzig Milliarden Euro, die für die Kosten der Caritas und Diakonie aufgewendet werden, wird das meiste in Wahrheit aus öffentlichen Geldern von Krankenkassen, Pflege- und Sozialversicherung sowie vom Staat bezahlt, die beiden Kirchen hingegen tragen nur einen Bruchteil. Ähnlich läuft es mit Misereor und anderen bekannten Hilfswerken.

Caritas und Diakonie sind die beiden größten deutschen Arbeitgeber und dürfen darauf bestehen, dass nur Katholiken und Protestanten bei ihnen arbeiten – und dass, obwohl ihre Einrichtungen zu großen Teilen öffentlich finanziert sind. Vor allem Arbeitnehmer im sozialen Bereich – Ärzte, Pfleger, Krankenschwestern sowie Kindergartenpersonal – bleiben oft nur in der Kirche, um ihren Arbeitsplatz zu erhalten.

»Ich wäre schon längst ausgetreten«, sagt Svenja G., die als Krankenschwester in der Nähe von Hamburg bei einem mobilen Pflegedienst arbeitet. »Aber man hat mir angedroht, dass das die sofortige Entlassung zur Folge hätte.«

Dass Angestellte der kirchlichen Einrichtungen oft schlecht bezahlt werden, ist überdies schon lange kein Geheimnis mehr. In Honnef gingen Ende 2007 Caritas-Mitarbeiter auf die Straße und demonstrierten mit Transparenten wie »Caritas – Sparschwein der Nation« für höhere Löhne und bessere Arbeitsbedingungen, und die Diakonie geriet Anfang 2011 wegen Lohndumping durch Zeitarbeit in die Kritik – wie zuvor die Drogeriemarktkette Schlecker.

»Es ist ein Mythos, dass die Kirchensteuer primär für mildtätige Zwecke eingesetzt wird«, so René Hartmann, Vorsitzender des Internationalen Bundes der Konfessionslosen und Atheisten (IBKA). »Weniger als zehn Prozent der Kirchensteuer werden für öffentliche soziale Zwecke aufgewendet.« Carsten Frerk ist deshalb der Ansicht, es gehöre zur »Caritas-Legende«, dass das deutsche Sozial- und Gesundheitssystem zusammenbrechen würde, wenn die Kirchen auf die Einkünfte aus den Kirchensteuern verzichten müssten. Dass ein Staat überhaupt Steuerleistungen für die Kirche eintreibt, ist weltweit ein finanzverfassungsrechtliches Unikum, eine solche Regelung gibt es überhaupt nur im Zusammenhang mit dem Christentum. In Italien und Spanien kann der Steuerzahler zumindest angeben, welcher Religionsgemeinschaft er seine Kirchen- und Kultursteuer spenden möchte – oder ob dieser Teil der Steuer lieber einem sozialen oder anderen gemeinnützigen Zweck oder dem Staat zugutekommen soll.

> *»Eine Religion, wie immer sie auch beschaffen sein möge,*
> *wird sich vor der Lächerlichkeit*
> *immer durch »gute Werke« retten.«*
> HENRY DE MONTHERLANT

Es gäbe also andere Möglichkeiten, und man müsste sich keine Sorgen um Kindergärten, Krankenhäuser und die Altenpflege machen, wenn die Kirche von heute auf morgen vom Erdboden verschluckt würde. Das einzige Problem wäre wohl die Frage, was man dann mit den ganzen leer stehenden Gotteshäusern und frei werdenden Geldern anfangen sollte. Eines allerdings bleibt: Mitglieder des Klerus allerorten sind sich einig, dass die Kirche Fragen beantworte, die zur menschlichen Existenz dazugehören. Dies klingt verlockend in Zeiten, in denen die Fragen des Lebens komplexer geworden sind und man schon fast das Gefühl hat, dass man inzwischen studiert haben sollte, bevor man einen Handytarif wählt oder eine Steuererklärung ausfüllt. »Die Kirche«, so ein Pfarrer aus der Nähe von Hamburg, »ist abhängig von biografischen Berührungspunkten. Dazu gehören Familie, Schule und Arbeitsplatz, die Medienwelt, die Peergroup. Für viele ist die Geburt des ersten Kindes ein Zeitpunkt für religiöse Neuorientierung – ein Anlass, sich oft nach langer Zeit wieder an die Kirche zu wenden.« Der Bedarf an Sinnstiftung und Besinnlichem ist nach wie vor da, denn grundsätzlich hat sich an den Eckdaten des menschlichen Lebens nicht so viel geändert. Doch zwei Drittel der Jugendlichen finden, dass die Kirchen nicht mehr die wichtigen Fragen des Lebens beantworten. Nur – wer tut es dann?

Religionssoziologen wie Thomas Luckmann und Grace Davie glauben, dass die Säkularisierung mit einer religiösen Individualisierung einhergeht. Früher mag die Kirche einmal der einzige Anbieter gewesen sein, der das Leben in eine Formel gepresst und Orientierung geschaffen hat. Heute ist der Markt der Religionen vielfältiger geworden. »Eine religiöse Pluralisierung hat stattgefunden«, sagt Reinhard Hempelmann von der Evangelischen Zentrale für Weltanschauungsfragen (EZW). Wer Antworten auf existenzielle Fragen sucht, findet sie in allerhand alternativen Glaubensangeboten, die nichts mit dem klassischen Christentum zu tun haben. Das spirituelle Warenhaus ist bis unters Dach mit Heilsversprechen vollgestopft, und wir müssen uns nur noch jene Angebote herauspicken, die vermeintlich am besten zu uns passen. Und so bastelt sich jeder seine eigenen Glaubenswelten zusammen. Oder haben Sie nicht auch schon einmal die Sterne befragt, wenn es in Ihrem Leben nicht rund lief?

5

ES MUSS NICHT IMMER JESUS SEIN
Wie wir uns eine eigene Religion basteln

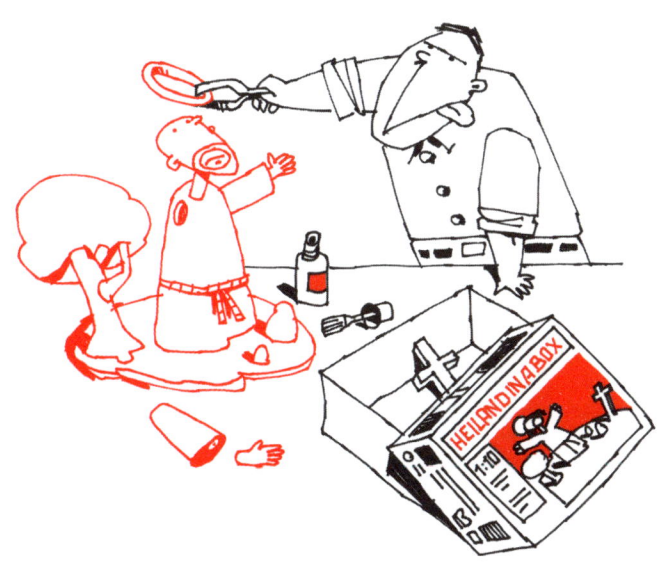

Gracia hat sich verpilgert. Eigentlich wollte sie auf einem der vielen Jakobuswege in Deutschland von Kevelaer nach Straelen wandern, als Training für den Camino Francés, den sie in drei Monaten laufen will. Aber bereits kurz hinter Kevelaer ist sie falsch abgebogen und schnurstracks über die nahe holländische Grenze in den kleinen Erholungsort Arcen marschiert. Nun sitzt die Achtundzwanzigjährige am Ufer der Maas und gönnt sich erst mal ein Eis vom »Ijssalon Clevers«, der wie an jedem Sommertag von Touristen, Wanderern und Ausflüglern belagert wird. Auch wir haben uns eine Eiswaffel geholt und kommen mit Gracia ins Gespräch.

»Wie bist du denn auf die Idee gekommen, nach Santiago de Compostela zu laufen?«, fragen wir sie.

»Hape«, antwortet sie mit vollem Mund.

Wegen des wandernden Komikers ist die Zahl der Pilger aus deutschen Landen nach Angabe der Deutschen Jakobus-Gesellschaft um einundsiebzig Prozent gestiegen. Spazierexperten sprechen deshalb vom »Kerkeling-Effekt«. Seitdem Gracia *Ich bin dann mal weg* gelesen hat, sportelt auch sie sich emsig durch die Woche, meditiert jeden Abend zu heilsamen ayurvedischen Klängen und hat für schlappe anderthalbtausend Euro schon das komplette Pilgerset beisammen: vom Pilgerpass über den passenden Leichtrucksack bis hin zur Vorsorge gegen zu viel Gutes von oben, das Regencape. Mit traditioneller katholischer Wallfahrt hat ihre Reise recht wenig zu tun; Gracia ist nicht einmal getauft. Sie sucht auf dem Camino Besinnung, weil sie in ihrem Job unzufrieden ist und sich darüber klar werden möchte, wie es in Zukunft für sie weitergehen soll.

»Der Weg ist das Ziel«, sagt sie, »ich will meditativ laufen und intensiv im Hier und Jetzt leben. Und ich will wieder klarsehen in meinem Leben.«

Wie viele andere Pilger will Gracia auf dem Jakobsweg zu sich selbst und nicht zu Gott finden. Damit sie den langen Marsch durchhält, hat sie sich zum Geburtstag von ihrem

Favorites	TALL	GRANDE	VENTI	Extras	
KATHOLISCH				HINDUISMUS	1,-
RÖMISCH	1,-	1,50	2,50	BUDDHISMUS	1,-
GRIECHISCH	1,50	1,80	3,-	FENG SHUI	2,-
RUSSISCH	1,50	1,80	3,-	ESOTERIK	2,50
KOPTISCH	1,-	1,50	2,20	TAROT	1,-
EVANGELISCH				extra viel	
LUTHERISCH	1,-	2,-	3,-		
CALVINISTISCH	1,-	2,-	3,-	MARIENERSCHEINUNG	3,-
ANGLIKANISCH	1,50	2,20	3,40	special offer	
MORMONEN	1,30	2,-	3,-	SCIENTOLOGY	0,80
QUÄKER/HUTTEN	1,30	2,-	3,-		
NEUAPOSTOLISCH	1,30	2,-	3,-	Ohne Glauben	
7 TAGE ADVENTISTEN	1,30	2,-	3,-	JAKOBSWEG	
ZEUGEN JEHOVAS	1,20	2,-	3,-		1,-

Freund ein Power-Balance-Armband gewünscht – eine Plastik-Handschelle mit zwei kleinen Hologrammen, die das Logo des Herstellers zeigen. Seit Gracia den High-Tech-Talisman bei Sportlern wie Rubens Barrichello und Christiano Ronaldo gesichtet hat, ist sie von seiner Wirkung überzeugt. Das Armband soll laut Werbung Großes vollbringen und Kraft, Flexibilität und Gleichgewicht stimulieren. Für den spirituellen Support will sie nach Galicien außerdem ihren Lieblingsschmuck mitnehmen: ein Goldkettchen mit einem Miniatur-Buddha.

»Gehen ist gesund«, sagt Gracia und stopft sich den Rest der Eiswaffel in den Mund. Eine rote Familienkutsche mit deutschem Nummernschild hält vor der Eisdiele, und die junge Frau springt auf, denn das ist ihr Papa, der extra aus Kerpen gekommen ist, um die Verirrte abzuholen. Für heute ist mit dem Wanderzirkus nämlich erst einmal Schluss.

Mit ihrem selbstgebrauten Wohlfühlglauben liegt Gracia voll im Trend: Ein bisschen Christentum light, ein Hauch Mainstream-Buddhismus, ein paar modische Accessoires und eine Prise Aberglauben – immer mehr Menschen setzen auf den persönlichen Glaubenscocktail. Die Enge einer Kirchengemeinde mit strengen Regeln, pingeligem Vorstand und den neugierigen Nächsten, die man auch noch lieb haben soll, braucht heute niemand mehr, der sein Leben mit etwas Sinn würzen will. Warum sollte man sich die Gleichmacherei beim Glauben überhaupt noch antun, wenn es ansonsten kaum mehr etwas gibt, das sich nicht individualisieren lässt: Turnschuhe mit eigenem Muster, Autos, die sich bis unters Dach mit Sonderwünschen vollstopfen lassen, oder selbst geschusterte Computer aus dem Onlineshop. Wer will da noch Religion von der Stange?

»Wenn Dreiecke einen Gott hätten,
würden sie ihn mit drei Ecken ausstatten.«
CHARLES-LOUIS BARON DE MONTESQUIEU

Unsere privaten Glaubenswelten sind deshalb immer häufiger ein Potpourri aus der Produktpalette der spirituellen Vielfalt. Wir lieben Religion-to-go, das gewisse Extra, das uns weder bei der Arbeit noch in der Freizeit einschränkt – möglichst unkompliziert und lifestylekompatibel, bunt und abwechslungsreich wie die Bausteine im Urlaubskatalog und mindestens so vielfältig wie unsere Familien- und Verwandtschaftsverhältnisse. »Patchworkreligion« nennen Theologen und Religionswissenschaftler den himmlischen Basteltrieb passenderweise. Wir kombinieren Elemente aller Weltreligionen munter mit esoterischem Wunderglauben – je nachdem, wie es uns eben am besten in den Kram passt. Schon 2009 fand fast jeder vierte erwachsene Deutsche, dass man sich seinen Glauben selbst zusammenmixen sollte.

Obwohl oder vielleicht gerade weil wir in Scharen aus der Kirche austreten, haben viele von uns nach wie vor ein Bedürfnis nach Erleuchtung und Erklärungen fürs große Ganze. Dass sich so viele Menschen nicht mehr fürs klassische Christentum begeistern können, dafür aber umso enthusiastischer für alternative Heilslehren, Geister, exotische Götter und Wahrsager schwärmen, hat damit zu tun, dass sie von den traditionellen Glaubensprovidern keine Antworten auf Sinnfragen mehr erwarten: 2005 hielten noch fünfzig Prozent der Bevölkerung die Kirche für kompetent, diese zu beantworten, fand eine Studie von Allensbach heraus. Im Jahr 2010 waren es nur noch achtunddreißig Prozent.

Umso verlockender kommt uns die Schlichtheit alternativer transzendenter Angebote vor, die in einer immer schnelleren und hektischeren Welt ein paar Streicheleinheiten für die Seele versprechen – ohne großes Commitment, ohne umfangreiche Vorkenntnisse, aber mit scheinbarer Optimierungsgarantie fürs eigene Dasein. Unsere Idole machen es vor: Schon die Beatles leisteten sich einen eigenen Guru zur Seelenmassage, weil die Kirche nicht mehr zum rebellischen Auftritt passte. Heute brillieren Richard Gere, Uma Thurman oder Tina Turner in der Rolle des fröhlichen Buddhisten; Roberto Benigni, Seal, Nastassja Kinski und Kati Witt gehen angeblich zu Guru Gary Quinn, und auch Ex-Modern-Talker Thomas Anders ist dem Esoterischen nicht abgeneigt.

Das spirituelle Buffet war nie so üppig bestückt wie heute, wobei wir gar nicht jedes religiöse Angebot auch als ein solches wahrnehmen. Denn die Zutaten, mit denen wir das Gerippe unseres ehedem christlich sozialisierten Glaubens aufpolstern, stammen aus sehr unterschiedlichen Lehren. Je älter, exotischer und unglaublicher, desto sexier – wir hinterfragen selten, was uns da im Detail angeboten wird. Ein Beispiel ist das in Deutschland inzwischen viral verbreitete Yoga, das Aerobic des beginnenden 21. Jahrhunderts. Für uns ist es ein Sport, in Wahrheit ist es eine philosophische Lehre aus Indien, die aus dem Hinduismus stammt und in der auch der Gott Krishna eine Rolle spielt. Egal, solange es das eigene Wohlbefinden steigert, kommen wir gar nicht auf die Idee, nach der genauen Herkunft zu fragen. Den Buddhismus erkennen wir schon eher als Religion an, unter den großen Glaubensformaten erfreut sich derzeit kein anderes derart wachsender Beliebtheit. Wahrscheinlich weil wir damit friedliches Miteinander verbinden, das dem deutschen Gutmenschentum eher entgegenkommt als beispielsweise der Islam oder das Christentum. Außer dem Papst gibt es hierzulande keinen anderen Religionsführer, der so populär ist wie der Dalai Lama. In den Buchhandlungen stapeln sich seine Bestseller, die vor allem mit dem Stichwort »Glück« immer wieder punkten. Direkt daneben findet man in den Regalen und auf den Tischen oft weichgespülten christlichen Lebensrat. Beliebte Credotainment-Artikel sind Bestseller wie *Die Hütte. Ein Wochenende mit Gott* und *Vaterunser. Deine Schatzkarte zu Gott* oder die literarischen Offenbarungen schreibender Ordensmänner wie Benediktiner-Buddy Abtprimas Notker Wolf, Zisterzienser-Zellengenosse Pater Karl Wallner oder Kapuziner-Kutte Bruder Paulus Terwitte.

»*Die Mischung macht's.*«
WERBESPRUCH DES DEUTSCHEN ATOMFORUMS 2010

Wer lieber auf die etwas traditionellere Weise vor den Überforderungen des Alltags flüchten möchte, sucht für eine Weile Zuflucht im Kloster, aber nicht zum Beten, sondern zum Relaxen. Der Impuls, ein paar Tage dort zu buchen, ist getragen vom romantischen Image des Klosterlebens: Menschen in Kutten mit gütigen Gesichtern, die im Garten Kräuter hegen oder im Klosterkeller Likör herstellen, sakrale Gesänge in der Morgenandacht, während die ersten Lichtstrahlen durch die Kristallfenster brechen, innere Einkehr und Ruhe. Besonders verführerisch ist das Klosteridyll für die Menschen mit den stressigsten Jobs. Vor allem leitende Angestellte oder Betriebsratsvorsitzende flüchten vor dem drohenden Burn-out an den Ort, der ihnen als das ultimative weltferne Rückzugsgebiet erscheint: ins Zuhause von Nonnen oder Mönchen.

Das Kloster ist das neue Wellness & Spa Hotel. Erfolgreich sind die Auszeit-Angebote nämlich auch, weil in den geweihten Mauern eine Vielfalt an Angeboten zur Verfügung steht, die ganz anderer Provenienz sind: Hatha-Yoga und Meditation, Kurse über Medialität und spirituelle Medizin, Work-Life-Balance-Seminare mit dem Führungskräftecoach, gelassener Umgang mit Stress durch Chi Kung, gesundheitliche Balance durch Feldenkrais, Grundkurse über das Enneagramm, angeblich eine jahrhundertealte Weisheitslehre, deren Wurzeln auf griechische, jüdische, christliche, islamische, altbabylonische oder altägyptische Quellen zurückgehen, NLP und Coaching-Seminare – das reine Klosterleben und die Stille sind ein willkommenes Setting für eine Vielzahl verschiedener alternativer Lehren.

So wächst geistlich zusammen, was nicht zusammengehört. »Die organisierte Religion erfindet keinen Aberglauben, sie hält ihn im Zaum. Sobald organisierter Glaube zerstört wird, wird er von dem unmöglichsten Aberglauben überwuchert, von dem es jetzt wie Maden in den Wunden des Christentums wimmelt«, rief gar Fürstin Gloria von Thurn und Taxis entsetzt. Doch das stört die wenigsten – sie vertrauen sich bedenkenlos dem übersinnlichen Allerlei an. Wie hoch ist da eigentlich das Risiko, dass man in die Hände von Scharlatanen gerät und gar nicht das Seelenheil findet, nach dem man sucht, sondern einen seelischen Crash erleidet?

»Mache dir deine eigenen Götter und unterlasse es,
dich mit einer schnöden Religion zu beflecken.«
EPIKUR

Unser Freund Hendrik ist ein echter Bilderbuchzahnarzt: Er verdient noch besser, als er aussieht, fährt im Urlaub zum Segeln in die Karibik, vor seinem Haus mit Pool parkt ein knallrotes Cabrio. Und Hendrik hat zu Hause das, was alle ledigen Damen im heiratsfähigen Alter hassen: eine äußerst attraktive Zahnarztfrau.

Hendrik ist Mundklempner aus Leidenschaft und behandelt seine Patienten mit großer Hingabe. Nur jetzt steigt ihm sein sonst eher wohltemperiertes Blut in die Birne.

»Die hat mich fertiggemacht!«, stößt er hervor und stürzt das Glas Sechzehneurowein den Rachen hinab. Wir beeilen uns, ihm einen neuen Kelch von seinem Lieblingsgetränk zu besorgen, und hoffen, er möge sich schnell wieder beruhigen, sonst wird's teuer.

»Vier Mal musste ich meinen Terminplan wegen dieser Frau umpolen, vier Mal!«, stöhnt er. »Sie wollte nur behandelt werden, wenn sich die Mondphase in der richtigen Konstellation mit ihrem Tierkreiszeichen befindet!«

Er trinkt noch einen Schluck Wein, dann ergeht er sich in einer Tirade über den Dentalskandal: Die Patientin benötigte ein Zahnimplantat, das vor der Mondphasen-Behandlung von ihrem Schamanen in einer rituellen Zeremonie gereinigt werden musste. Auf ihre Anweisung hin schickte Hendrik das Implantat, kaum, dass es aus China angekommen war, direkt zu dem Schamanen, der den Kunstzahn mit allerlei Rauch und Zauberwässerchen beschwor. Die Patientin glaubte daran und hatte in der Tat weder bei der Operation noch später irgendwelche Probleme mit dem Zahnersatz.

»Wahnsinn«, staunen wir. »Dann hilft das ja vielleicht doch?«

Hendrik grinst. »Was sie nicht weiß: Nachdem das Ding vom Schamanen zurückkam, habe ich es erst mal doppelt desinfizieren lassen, um der Horde von Bakterien Herr zu werden, die das Teil mittlerweile bevölkerten.«

Offenbar, so schließen wir, war bei der Heilung ein altes schamanisches Prinzip am Werk: Glaube versetzt Zähne. Hendrik kann sich allerdings damit trösten, dass er Opfer eines Transzendenztrends war, der sich still und leise in unser Leben geschlichen hat und hierzulande in unterschiedlichen Härtegraden mittlerweile fast genauso weit verbreitet ist wie das Christentum: Esoterik. »Die Esoterik dringt zunehmend in den ganz normalen Alltag ein«, sagt Hartmut Zinser, Professor für Religionswissenschaft an der Freien Universität Berlin. »Viele nehmen sie schon gar nicht mehr als esoterisch wahr. Und das macht es so problematisch.« Denn die New-Age-Glaubenswelten sind ein gutes Beispiel dafür, wie schnell man sich an spirituellen Genüssen die Seele verderben kann – und auch dafür, dass mancher findige Kopf das Besinnungsbedürfnis anderer als wundersame Quelle der Geldvermehrung entdeckt hat.

Es beginnt im Kleinen, und beinahe jeder ist dafür empfänglich. Haben Sie sich nicht auch schon mal gefragt, ob es ein schlechtes Omen ist, wenn man vom Tod träumt? Ach so, Sie haben gestern gar nicht geschlafen, weil es eine Vollmondnacht war? Aber morgens, da haben Sie überlegt, ob es besser wäre, beim Aufstehen mit dem linken Bein den Boden zuerst zu berühren oder doch lieber mit dem rechten? Beim Frühstück haben Sie dann natürlich nur so nebenbei das Horoskop überflogen und sich vorgenommen, heute möglichst nicht mit Ihrem Chef aneinanderzugeraten? Wenn das zutrifft, dann stecken Sie vielleicht schon tiefer im spirituellen Schlamassel, als Sie denken. Und so gibt es kaum einen, der nicht auf die ein oder andere Weise damit in Berührung kommt: Esoterik begegnet uns heute meist in alltäglichen Situationen, in denen wir sie am allerwenigsten erwarten.

ANNE ERZÄHLT »Das ist eine Strafe Gottes«, stöhne ich und halte den Anzeigenteil des *Kölner Stadt-Anzeigers* anklagend in die Höhe.

»Gott is fott«, sagt mein Freund Rodrigo. So was sagt er immer, wenn ich eine christliche Floskel verwende.

Die Wohnungssuche in der Rheinmetropole gestaltet sich mehr als schwierig. Angesichts der Angebotslage scheinen mir die sechzig Quadratmeter unterm Dach, die ich mit meiner netten Mitbewohnerin teile, für schlanke achthundert Euro gar nicht mehr so überteuert. Auch dass das Dachgeschoss nicht isoliert ist, es im Winter einem Tiefkühlfach und im Sommer einer Sauna gleicht, kann ich plötzlich verschmerzen, ebenso wie die fatale Lage zwischen einer großen Straße und einer Bahnlinie. Denn die Wohnungen, die ich mir bis jetzt angesehen habe, hatten Fußböden aus achtzig Jahre altem festgetretenen Kaugummi, innenliegende Küchen, keine Heizung oder undichte Fenster, und der Ein-Quadratmeter-Sonnenbalkon ging zur meistbefahrenen Straße des Viertels raus. Die einzige bewohnbare Butze liegt in der Peripherie – ich müsste jeden Morgen in die Stadt pendeln, und dazu habe ich wenig Lust.

Es kann eigentlich nur besser werden. Am Nachmittag schleife ich Rodrigo durch alle Viertel; nach zwei Stunden ist er bereits vor Entsetzen willenlos. Der letzte Termin des Tages führt uns in eines der hübschesten Viertel im Kölner Süden. Sündhaft teuer, und die Vermieterin hat bereits klargestellt, dass sie die Einzige ist, die das Fahrrad im Sommer im Hinterhof abstellen darf. Ansonsten ist die Wohnung ein Traum, ich würde am liebsten gleich einziehen.

Ich rechne mir eine kleine Chance aus. Die Vermieterin scheint mich zu mögen, wir kommen beide aus derselben Stadt, und überdies habe ich heute zur Feier des Tages mal eine Stoffhose und ein ordentlich geplüschtes Blüschen an und damit vermutlich einen vertrauenerweckenden Eindruck hinterlassen. Tatsächlich meldet sich die Vermieterin gleich am nächsten Morgen schon bei mir, um noch ein paar Infos einzuholen. Beinahe habe ich das Gefühl, das knisternde Papier des Mietvertrags schon in den Händen zu spüren.

»Und dann wüsste ich gern noch, um welche Uhrzeit Sie geboren sind«, beschließt sie die Befragung.

»Äh, sechs Uhr abends, glaub ich.«

Stille. Das leise Klackern einer Tastatur. Sie scheint irgendwas in den Computer einzugeben.

»Hm«, macht sie dann, und das klingt gar nicht gut. »In Ihrem Aszendenten ist zu viel Luft. Sie sind ja gar nicht geerdet!«

Da ist sie wieder: eine dieser Situationen, in denen man vor Staunen so perplex ist, dass einem nur wabbelige Verbalkartoffelpuffer aus dem Mund kämen, wenn man jetzt etwas sagen würde. Ich lausche deshalb in den Hörer und habe schon bald das Gefühl, ich sei mit einer dieser kostenpflichtigen Horoskop-Hotlines verbunden.

»Ja, Sie sind eine geradezu höchst seltsame Persönlichkeit«, fährt sie mit der Sterndeuterei fort. »Sie sind ziemlich emotional. Und so unstet.«

Wenn sie damit meint, dass ich wie alle anderen Menschen auch schon mal umgezogen bin, alle paar Jahre mein Lieblingsessen ändere und bei *Pretty Woman* geheult habe, dann muss ich der Frau wohl recht geben. Ich bleibe bei der Kartoffelpuffer-Taktik.

»Sie sagen ja gar nichts«, meint die Vermieterin freundlich.

»Tja«, krächze ich mühsam. »Ich weiß nicht. Bekomme ich die Wohnung denn jetzt?«

»Also, es tut mir wirklich leid!«, flötet sie fröhlich. »Aber das würden Sie an meiner Stelle doch auch nicht tun!«

Ich fühle mich wie von allen guten Geistern verlassen. Eines ist allerdings gewiss: Ich verstehe jetzt, warum Menschen in Grenzsituationen des Lebens wie Tod, Geburt und Wohnungssuche lieber auf Gott vertrauen als auf esoterische Hilfsmittel und Astrologie: Wer betet, muss vielleicht nicht pendeln.

In der Tat lauert die Esoterik überall: Glückskekse sind der krönende Abschluss eines jeden Abends im Chinarestaurant, und wer von den Vorhersagen nicht genug bekommen kann, öffnet bei Facebook eine Glücksnuss. Am Arbeitsplatz bekommen wir Besuch von der Ergonomie-Beraterin der Krankenkasse, die uns einen Rosenquarz gegen die Strahlung des Monitors empfiehlt. Unsere Hebamme stellt das Kinderbettchen um, weil sie eine Wasserader darunter vermutet, und drückt uns gleich noch ein paar Globuli gegen die Schmerzen beim Zahnen in die Hand. Zu Hause fliegt noch irgendwo ein Tarotkartenset herum, mit dem wir früher mal den Freundinnen zum Spaß die Zukunft vorausgesagt haben. An der Volkshochschule um die Ecke werden Kurse zum Pendeln oder zur Verwendung eines Biotensors angeboten, eine moderne Wünschelrute, mit der man angeblich die eigene Tagesenergie oder die Verträglichkeit von Lebensmitteln testen kann. Und den obligatorischen Glückscent hat fast jeder im Portemonnaie.

Im Fernsehen schauen sich viele Tarotlegen fürs Haustier an, lassen Aida ihre Träume deuten oder Romana einen Kontakt zum Jenseits herstellen. Hoch in der Gunst der Sinnsuchenden stehen Zeitschriften, die softe Esoterik versprechen, wie das *Happinez – Mindstyle Magazin*, das uns mit dem »Geheimnis des Zen« oder dem »Glück der Hingabe« zeigen will, wie »der Meeresrauschen-Atem unser Herz weit öffnen kann«. Papier ist auch dann geduldig, wenn das Eso-Programm auf wissenschaftliche Füße gestellt werden soll, wie in *Tattva Viveka – Die Unterscheidung von Wahrheit und Illusion*, einer Zeitschrift, in der sich Pseudopsychologie mit schamanistischem Schnickschnack paart. Bestseller wie *The Secret* geben uns das Gefühl, Teil einer geheimen Community zu sein, die um den Schlüssel zur Wahrheit weiß. Eine ziemlich große geheime Community: Fünfhundert Millionen Euro Umsatz werden laut *Wirtschaftswoche* jährlich mit Esoterik zwischen zwei Buchdeckeln in Deutschland gemacht, erheblich mehr wird mit spirituellen Dienstleistungen erwirtschaftet.

Der Heidelberger Zukunftsforscher Eike Wenzel schätzt, dass heute mit Esoterik in Deutschland jedes Jahr bis zu fünfundzwanzig Milliarden Euro umgesetzt werden, Tendenz steigend. Und so wundert es nicht, dass hierzulande Unternehmen aus dem Boden sprießen, die sich genau auf diesen wachsenden Markt einstellen. Eines davon ist Questico aus Berlin, das bereits zweitausendfünfhundert freiberufliche Hellseher beschäftigt, die ihre vorgeblichen seherischen Fähigkeiten in Fernsehshows und am Telefon einem immer größer werdenden Publikum anbieten. Die Firma macht heute nach Angaben der *Zeit* über drei Millionen Euro Gewinn.

> *»Es gibt mehr Dinge zwischen Himmel und Erde,*
> *als Eure Schulweisheit sich träumen lässt.«*
> William Shakespeare

Die mystischen Glaubenswelten sind deswegen so verlockend, weil sie Erklärungen für Dinge liefern, bei denen unser Verstand normalerweise passen muss: Auf eine ähnliche Weise, wie Verschwörungstheorien unfassbare historische Ereignisse für das Kleinhirn auf verdaubare Maße konfektionieren, finden wir in der Esoterik simple Deutungen für scheinbar übersinnliche Phänomene. Haben Sie nicht auch schon mal an jemanden gedacht, und derjenige hat kurz darauf angerufen? Oder sind Sie aus unbegründeter Furcht nicht in einen Zug eingestiegen und haben später erfahren, dass er verunglückt ist? Oder Sie treffen sich mit einem Freund, der Sie dazu überredete, in eine Kneipe zu gehen, die Sie noch nie zuvor besucht haben, und dort haben Sie ihre einstige große Liebe wieder getroffen. Zufall oder Schicksal?

Aus diesem Stoff sind Legenden wie jene, die sich um James Deans Tod rankt: Der Schauspieler starb am 30. September 1955 gegen 18 Uhr, als er mit seinem Porsche auf einer Kreuzung in einen anderen Wagen raste. Eine Woche zuvor hatte sich Folgendes ereignet: In einem Restaurant traf Dean seinen berühmten Kollegen Alec Guinness. Dean führte ihm sein neues Sportgeschoss vor, doch Guinness war wenig begeistert. Er sagte: »Bitte steigen Sie niemals hinein. Wir haben heute Freitag, den 23. September, und jetzt ist es genau 22 Uhr. Wenn Sie in diesen Wagen steigen, werden Sie innerhalb einer Woche damit tödlich verunglückt sein.« Damit hatte er Deans Tod exakt vorhergesagt – wenn Mr. Guinness die Wahrheit spricht.

Wir sind anfällig für solche mystischen Ereignisse – kein Wunder, dass *Akte X* und *Fringe* so viele Fans haben und wir bei *The Next Uri Geller* einschalten, um das Mentalisten-Headhunting in der Parapsychologie-Branche zu verfolgen. Dass sich die Geschichte von James Deans Tod genau so zugetragen haben könnte, kommt vielen von uns daher gar nicht so unwahrscheinlich vor. In solchen Momenten hegen wir oft den Verdacht, dass ein größerer Plan hinter all dem steckt und dass da mehr zwischen Himmel und Erde ist, als der Mensch ergründen kann. Das Forschungsinstitut Allensbach fand in einer Umfrage vom März 2005 heraus, dass mehr als zwei Drittel der Deutschen an gute und böse Vorzeichen glauben.

Sie etwa nicht? Denken Sie doch mal an die letzte WM zurück. Es war Sommer, freilich, und Sie können natürlich Ihr vom Fußball und Bier erhitztes Gemüt dafür verantwortlich machen, dass Sie daran geglaubt haben, ein Krake könne die Spielergebnisse der WM vorhersagen, indem er sich einen Leckerbissen aus einem mit einer Flagge beklebten Kasten holt. Aber haben Sie sich nicht auch eine Fritteuse und einen Schnitz Zitrone gewünscht, als Krake Paul, das Orakel von Oberhausen, sich vor dem Halbfinale statt des deutschen das spanische Leckerli holte?

Ein Mitarbeiter des Aquariums musste eine Ausrede erfinden, damit Paul das Finale überhaupt noch erleben würde, ohne einem Lynchmob deutscher Fans zum Opfer zu fallen. Aberglaube und Barbarei liegen eben dicht beieinander.

Schicksal ist eines der häufigsten Worte in unserem Alltag. Wir bemühen es immer dann, wenn etwas geschieht, das wir uns nicht recht erklären können, weil es einerseits absolut zufällig erscheint, aber doch alles ändert – schlimme Unfälle, Wahlergebnisse, Katastrophen, Krankheiten. Nach einer Umfrage von *Spiegel* und TNS Infratest glauben immerhin zweiundfünfzig Prozent der Deutschen, dass »immer oder manchmal eine höhere Macht ihr Leben beeinflusst«. Zweiunddreißig Prozent nennen es Schicksal, zehn Prozent Zufall. Bei den Achtzehn- bis Neunundzwanzigjährigen sind es sogar fünfundfünfzig Prozent, die an Vorbestimmung glauben. Wieso ist es für uns so wichtig, etwas, das uns oder uns nahe stehenden Personen zustößt, einen bedeutungsvollen Namen zu verpassen? Gott hat als Erklärung ausgedient, aber dennoch möchten wir das Gefühl haben, es herrsche irgendeine Absicht in diesem ganzen Chaos.

»Es kann passieren, was will:
Es gibt immer einen, der es kommen sah.«
Sonja Ziemann

Auf der Suche nach dem alternativen Sinn des Lebens bekommen wir allerlei scheinbar wohlmeinende neue Freunde. Da gibt es Wahrsager, die Ihnen die Zukunft aus dem Hintern lesen wollen, Reinkarnationstherapeuten, die Ihnen versichern, Sie hätten nur deswegen Probleme in diesem Leben, weil Sie im vorigen ein Serienmörder oder eine Hexe waren, und selbsternannte Indigo- oder Lichtkinder, die sich für hellsichtig halten und mit »einzigartiger göttlicher Arbeitsweise« Ihre Blockaden lösen und neben Jenseitskontakten und reinem Hellsehen eine »göttliche Reiki-Licht-Behandlung« in Aussicht stellen. Das Versprechen der neuen Heilslehren lautet, dass man über sie persönliches Glück, Lebenssinn, Zufriedenheit und ganzheitliche Gesundheit findet. »Oft sind es Angebote mit esoterischem Hintergrund, die spirituelle Erfahrungen und Höhenflüge versprechen, als könne man sie kaufen wie andere Waren«, warnt Pfarrerin Annette Kick, Weltanschauungsbeauftragte der evangelischen Landeskirche in Württemberg. Wäre es ihr lieber, die Kunden blieben beim gewohnten geistlichen Konzept?

Wir machen uns auf, zwischen Aurascannern, Pendeln, Heilsteinen, Pülverchen und Tinkturen auf einer Esoterikmesse zu entdecken, ob diese tatsächlich zu einer höheren Bewusstseinsstufe oder doch eher in die Irre führen.

Der Eso-Basar findet in einem eher schnöden modernen Gebäude statt. Die Gäste strömen in den Flachbau, der den rauen Charme einer Billigflohmarkthalle verströmt. Als Erstes drückt uns jemand einen Flyer in die Hand. Auf dem Foto, das darauf abgebildet ist, guckt eine junge Dame, als hätte sie gerade die letzte Straßenbahn verpasst. Die gute Frau hört auf den Allerweltsnamen Omnec Onec. »Ein Klassiker in der spirituellen Literatur: Omnec Onec beschreibt in ihrer Autobiographie das Leben auf der Astralebene der Venus, gibt tiefe Einsichten in uralte Weisheitslehren und spricht über das Abenteuer, warum sie sich dafür entschieden hat, einen physischen Körper zu manifestieren und im Jahr 1955 mit einem Raumschiff auf die Erde zu reisen.« Omnec Onec ist nicht das einzige Wesen, das hier und heute äonenalte Weisheit präsentiert. Außerdem sind unter anderem Matreiya, der Weltlehrer für das Wassermannzeitalter und die Schamanin Tokana mit Reiki für Mensch und Tier am Start.

Nachdem wir uns mit Kartoffelsalat aus Plastikdosen und matschigen Käsebrötchen gestärkt haben, besuchen wir ein Seminar, in dem man uns beibringen will, Auren zu sehen. Die Kursleiterin erzählt, dass sie lange gebraucht hat, um ihre besondere Fähigkeit zu verstehen.

»Ich hab Farben gesehen, da haben die mich in die Psychiatrie gesteckt«, sagt sie.

Empörtes Ausatmen im Saal.

»Ich wusste nicht, dass das normal ist, ich wusste nur, ich sehe überall bunte Wolken um Menschen, Pflanzen und Tiere.«

Dann zeigt sie uns einen Trick, mit dem auch wir Auren sehen können. Sie stellt sich in ihrem schwarzen Kostümchen vor eine weiße Wand. Wir sollen so lange durch sie hindurch auf die Wand starren, bis wir in ihren Umrissen eine Farbe wahrnehmen. Dann tritt sie rasch einen Schritt zur Seite. Bis dahin hat sich ihr schwarzes Kostüm so stark auf der Netzhaut der einzelnen Seminarbesucher eingeprägt, dass fast alle an der Stelle an der Wand, vor der sie zuvor gestanden hatte, ein meist grünliches Abbild ihrer Gestalt wahrnehmen. Ganz klar: Das ist keine Aura, es ist ein optisches Gesetz. Die Frau ist Physikerin!

Sie gibt eine Liste herum, in die man sich eintragen kann, um mehr über Auren zu erfahren; schlappe dreißig Euro für zwei Stunden soll das Seminar kosten. Wenn alle Besucher im Raum kommen, hat sie in dieser Zeit siebenhundertfünfzig Euro verdient. Als Nächstes verteilt sie noch »Aura Balance Akkus«, je einhundertzweiundvierzig Euro das Stück, die durch die neuartige Phi-Lambda-Technologie »bioenergetische Hilfe bei Beschwerden« verheißen, wenn man sie unter die Matratze legt.

Nach dem Kurs treffen wir Silke, siebenundvierzig Jahre alt und blassrosa Strähnchen im Haar, die ihre Tochter und ihren Schwiegersohn auf die Messe mitgeschleppt hat.

»Das Aura-Sehen fand ich total spannend«, sagt sie. »Wir waren ziemlich platt, dass das geklappt hat!«

Silke ist über die Einstiegsdroge Heilsteine zur Esoterik gekommen und seit längerem auf der Suche nach dem tieferen Sinn im Leben.

»Ich gehe etwas anders durchs Leben als andere Menschen«, sagt sie. »Ich möchte wissen, woher komme ich eigentlich, was ist da noch? Ich glaube, dass da noch etwas ist. Man kann halt nicht alles erklären.« Sie lächelt. »Das ist gar nicht so weit von der kirchlichen Botschaft weg«, ergänzt sie dann. Immerhin glaube auch sie an eine Kraft, die alle Dinge durchströmt.

Auch Heiler Robert Schulte, der auf der Messe einen Stand hat, mischt Christliches in sein Konzept. Seine Energie kommt von Gott, sagt er. Gute Referenz, das haben schon ganz andere behauptet.

»Ich gehe zwar nicht in die Kirche, glaube aber an Gott und Jesus«, stellt der Heiler fest und gibt dann ein Bonmot Albert Schweitzers zum Besten: »Man muss nicht in die Kirche gehen, um gläubig zu sein. Man ist ja auch kein Auto, nur weil man in der Garage steht.« Damit spricht er vielen seiner Kunden aus der Seele.

Der füllige Achtundzwanzigjährige erzählt, er habe schon als Teenager seine beste Freundin durch Handauflegen von einem verstauchten Knöchel geheilt. Danach hat er erst mal Einzelhandelskaufmann gelernt. Seitdem er sich selbstständig gemacht hat, heilt er zum Schnäppchenpreis von fünfundzwanzig Euro jeden, der will, im Fließbandverfahren von Beckenschiefstand, Haarausfall, Bandscheibenvorfall, Warzen und Zysten und will sich irgendwann auch an Tinnitus und Fehlsichtigkeit wagen.

Heiler Schulte wird – wie viele seiner Kollegen – vermutlich auf lange Sicht kaum arbeitslos werden. Im Auftrag von *Chrismon* fragte das Meinungsforschungsinstitut Emnid, an welche Phänomene, die wissenschaftlich nicht bewiesen sind, die Bürger glauben. Den ersten Platz belegte die Paramedizin, also alternative Heilmethoden. Achtundsiebzig Prozent der

West- und sechsundsechzig Prozent der Ostdeutschen sind davon überzeugt, dass Homöopathie, Bachblütentherapie oder Ayurveda wirksame Heilmethoden sind. Siebenundfünfzig Prozent glauben an Menschen mit hellseherischen Fähigkeiten. Dreiunddreißig Prozent glauben, dass man sich tatsächlich gegenseitig verfluchen kann.

Es gibt im Leben genügend Probleme und Wünsche, die befriedet werden wollen, und zu jedem scheint es auf der Messe ein passendes Angebot zu geben. An einem der Stände sehen wir ein Buch, das Abhilfe verspricht. Schon der Klappentext klingt vielversprechend: »365 Seiten für unendlich viele Wünsche! Wollten Sie nicht auch schon mal Meister und Schöpfer in Ihrem eigenen Leben sein? Das Buch mit Anleitung zur Wunscherfüllung, energetisch aufgeladen, mit positiver Kraft, für die Leichtigkeit des Seins, für Spiel, Spaß und Freude – und voller Geheimnisse und Magie. Dieses Wünschebuch ist außergewöhnlich – *it's magic!*«

Das klingt doch gut, findet Stefan, der sich gerne noch den Wunsch vom Aston Martin und einem Winterquartier auf den Kanaren erfüllen möchte, und greift nach dem dicken Schinken. Die dreihundertfünfundsechzig Seiten sind samt und sonders leer. Das Leuchten auf seinem Gesicht verschwindet. Kein einziger Buchstabe, nur weiße Seiten. Glücklicherweise steht die Autorin am Stand.

»Haben Sie das geschrieben?«, erkundigt sich Stefan.

»Ja, das habe ich.«

»Alles?«, fragt er perplex. »Ich meine: Wie funktioniert denn das?«

»Also, Sie schreiben Ihre Wünsche in das Buch, und dann gehen sie in Erfüllung.«

»Ist ja toll. Und warum?«

»Ich habe das Buch energetisch aufgeladen.«

Stefan ist sprachlos.

»Ja, sehen Sie, ich bin ein Medium.« Die gut aussehende junge Dame umfasst seinen Arm. »Merken Sie, wie die Ströme fließen?«, fragt sie und tritt näher an Stefan heran. Bei ihm fließt nix, zumindest nicht im Arm.

»Ist nicht schlimm. Das kommt bei manchen später an«, beruhigt ihn die Autorin.

Wir gehen lieber weiter.

Im Vortragsraum findet als Nächstes ein Vortrag mit dem vielversprechenden Titel »Jeder kann sich selbst heilen und verschönern« statt. Es geht um die VinaMassage, die der vietnamesische Professor Bùi Quôc Châu erfunden hat. Leider ist der Meister selbst verhindert, es doziert die Leiterin des Fachinstituts für ganzheitliche VinaMassage, Nguyên Thi Thiêt. Kurz gefasst hat Professor Bùi herausgefunden, wie wir Probleme und Unwohlsein auf einfache Art lösen können. Dafür braucht man nur die Spezialgeräte des Meisters, deren Form und Größe entfernt an Hornhautraspeln erinnern. Es sind kleine Rädchen und Hämmerchen, mit denen man sich über die Nasenwurzel rollen kann oder leicht gegen die Stirn klopft.

Als kleine Aufwärmübung schlägt Nguyên Thi Thiêt der Gruppe vor, dass wir uns alle den Mund massieren. Jeder bei sich natürlich. Ist unser Mund nicht entspannt, so die verkürzte Weisheit, redet er viel Müll und schmutziges Zeug. Nachdem dreißig Mann fünf Minuten lang Lippensynchronreiben betrieben haben, fragt Nguyên Thi Thiêt: »Und, spülen Sie Enelgie wie fließt? Wenn Enelgie fließt, is ganz walm um Ihlen Mund.« Klar ist es warm, wir haben uns ja gerade minutenlang die Futterluke gerieben. Wie auch immer. Nguyên Thi Thiêt bittet einen Mann mit Kopfschmerzen nach vorne und reibt dann emsig mit einem Holzröllchen über seine Stirn. »Und, fühlen schon bessel?«

»Ja, dat is nit schleesch«, kölscht der Mann. »Ming Frau hätt so ene Backroller für de Küch zuhuss. Kann isch dat damit och maache?«

»Nein, müssen Geläte von Plofessol Bùi kaufen«, erklärt Nguyên Thi Thiêt.

Offenbar hat sich jedoch auch ein Ketzer unter die begeisterte Menge gemischt.

»Das ist doch Humbug, was Sie da machen«, ruft es aus der letzten Reihe. »Da glaube ich nie und nimmer dran, das funktioniert nicht bei mir!«

»Ist doch klal«, sagt Nguyên Thi Thiêt. »Wenn nicht glauben, nicht funktionielen. Wenn glauben, dann auch funktionielen.«

Das leuchtet ein. So verschieden sind Esoterik und Christentum dann doch wieder nicht. Bevor wir diese Erkenntnis vertiefen können, müssen wir los – schließlich wollen wir nicht zu spät zum »Kaffeesatz-Lesen – mit der Mokkatasse in die Zukunft blicken!« von Aylin kommen.

Als wir am späten Nachmittag aus dem letzten Kurs taumeln, sind wir allen höheren Wesen dankbar, dass diese Messe nicht jeden Sonntag stattfindet – denn auch die meisten der esoterischen Weisheiten funktionieren nach dem Prinzip der Gehirnwäsche: Hört man sie oft genug, glaubt man am Ende tatsächlich daran.

»Dass Glaube etwas ganz anderes sei als Aberglaube,
ist unter allem Aberglaube der größte.«
KARLHEINZ DESCHNER

Sind wir bei diesen selbsterwählten Heilern, Medien oder
Gurus tatsächlich freier, als wir das im christlichen Glauben
waren, nur weil wir uns die Lehre selbst ausgesucht haben?
»Es gibt keinen wirksameren Feind des Humanismus und
kein schnelleres Fluchtgefährt aus der sozialen Realität als die
Esoterik, den Irrationalismus, den Obskurantismus«, sagte
Grünen-Mitbegründerin und Sozialwissenschaftlerin Jutta
Dithfurth der *Zeit*. Für sie ist Esoterik »eines der wirkungs-
vollsten Gifte, um dem Menschen die Flausen auszutreiben,
er habe nur ein Leben, und dessen Sinn könne darin liegen,
sich mit anderen für ein wirklich freies, selbstbestimmtes
Leben für alle zu verbünden.«

Wenn man sich umsieht, fragt man sich schnell, ob wirklich jeder ein frei bestimmtes Leben führen will – immerhin
geben viele Leute ziemlich viel Geld aus, um genau das nicht
zu tun. Psychotherapeut Dr. Colin Goldner, der Opfer von
Scharlatanen und esoterischem Unfug betreut, warnt vor
dem Schritt in die Abhängigkeit. »Das kann großen seelischen Schaden anrichten«, sagt er in einer ARD-Talkshow.
»Menschen, die an solche Phänomene glauben, bewegen sich
ohnehin schon im Grenzbereich psychischer Gesundheit und
Integrität. Hinzu kommt, dass Menschen, die sich an solche
Anbieter wenden, das in aller Regel tun vor dem Hintergrund
einer aktuellen Krise.« Er erzählt von einer seiner Patientin-
nen, einer Opernsängerin, die Angst vor Stimmversagen auf

der Bühne hatte, worauf sie einen Reinkarnationstherapeuten aufsuchte. Dieser erklärte ihr, sie sei in ihrem früheren Leben Scharfrichter gewesen und hätte dort so große Schuld auf sich geladen, dass sich das jetzt an ihrem Hals zeigen würde. Die Dame wollte sich ihres Karmas entlasten, indem sie versuchte, sich das Leben zu nehmen. Sie wurde in die Psychiatrie eingeliefert.

Die Gefahr eines Hirnschadens ist offenbar nicht von der Hand zu weisen. Daneben besteht das Risiko, an einer Überdosis fixer esoterischer Ideen pleitezugehen. Wenn nämlich die Kirche mit ihrem standardisierten Steuereinzugsverfahren wie die GEZ ist, dann ist Esoterik wie PAY-TV. Wir können den Inhalt selbst bestimmen und nach Belieben zusammenstellen – es sind genügend Medien, Wahrsager und Handaufleger auf Sendung, man muss sich ihren Service nur leisten können. Das kommt dem Trend zum individuellen Glaubenssetzkasten zwar sehr entgegen, allerdings zeigt der Mystikboom auch, dass es dabei vor allem um Abzocke geht.

Welche Unmengen an Geld man für die allein seligmachende Wahrheit verschleudern kann, zeigen Hollywood-Größen wie Madonna, Demi Moore und Ashton Kutcher, Brittany Murphy, Naomi Campbell, Hugh Jackman und Oscar-Preisträgerin Charlize Theron, von denen man weiß, dass sie regelmäßig ein Kabbala-Center aufsuchen, um dort durch einen neuen US-Aufguss der alten jüdischen Geheimlehre zum Glück zu finden. Zuletzt machte Madonna damit Schlagzeilen, dass sie gesegnetes Kabbalawasser nach Südostasien schickte, um den Tsunami-Opfern zu helfen. Kostenpunkt: fünf Dollar pro Flasche. Schon für ihre Bekehrung hatte sie angeblich mehrere Millionen hingeblättert, nun soll sie mit dem Kabbala-Wasser ihren Pool und ihre Heizungen befüllen.

Viele der modernen Zaubereien sind auf den ersten Blick harmlos, sodass das Ausprobieren scheinbar nicht schadet. Was ist schon schlimm daran, wenn man eine Schutzengel-karte im Portemonnaie mit sich herumträgt? Nichts, wenn er Sie nicht dazu verführt, Ihre Geldbörse für ihn zu leeren: Was Engel angeht, könnten Sie nämlich zum Beispiel bei Kryon vom magnetischen Dienst landen. Seine Anhänger hoffen durch das Lichtwesen eine höhere Bewusstseinsstufe zu er-reichen. Kryon, der vor zwanzig Jahren zum ersten Mal durch einen Amerikaner sprach, hat angeblich das Magnetfeld der Erde verschoben, damit wir möglichst leicht hinübergleiten könnten in eine neue Zeit und ein neues Bewusstsein.

»Ich bin Kryon vom Magnetischen Dienst und ich begrüße jeden Einzelnen von euch«, haucht das Medium Sabine Sangitar beim jährlichen Kryon-Festival in Rosenheim vor Hunderten von Zuschauern ins Mikro. »Wir haben davon gesprochen, dass sich die Energie auf Erden verändert hat. Und nachdem die Tore von Lentos sich geöffnet haben, wur-den die ganze Energie der Verkünder und die Energie des Prosonodo-Lichtes freigesetzt, und es fließt ein in diese Zeit-epoche, in das goldene Zeitalter. Dies konnte geschehen, weil die Erdenergie sich so sehr erhöht hat und die Schleier so dünn geworden sind.«

Um für diese neue Welt vorbereitet zu sein, müssen die Engelfreunde achtundvierzig Schritte zu einer höheren Be-wusstseinsstufe gehen. Ganz genau werden diese auf CDs beschrieben, die für fünfundvierzig Euro das Stück zu haben sind. Das Medium stellt überdies in ihrem kleinen Zimmer-chen, wie sie sagt, in mühevoller Kleinarbeit Tinkturen her, wie zum Beispiel die Lemurische Feueressenz für sechzig Euro. Daneben kann man Ausbildungssets für Berufe der Neuen Zeit auf der Website erwerben. Wenn Sie zum Beispiel jetzt schon wissen möchten, wie Sie in Zukunft als Lichtkosmetikerin Ihre Brötchen verdienen, kostet Sie das schlanke vierhundertfünfzig Euro, streben Sie hingegen nach Höherem, wie beispielsweise einer Karriere als HIAM'ANASTRA – Meister der Aspekte –, dann legen Sie schon mal siebenhundertzwanzig Euro bereit. Darüber hinaus wartet der Kryon-Shop mit Lichtnahrungsessenzen, verjüngenden Kosmetika, Aurasprays, energetisierenden Steinen und vielem anderen mehr auf.

Die 10 Gebote:

Was Sie als Religionsgründer beachten sollten

1. Haben Sie einen ausbaufähigen Start-up-Zirkel mit willigen Jüngern, oder müssen Sie bei Adam und Eva anfangen?

2. Sind Sie schon der Messias oder kommt der noch?

3. Haben Sie genügend Ideen für eigene Mythen oder müssen Sie sich ausgelutschter Geschichten bedienen?

4. Haben Sie das Datum für die Apokalypse so geschickt getimt, dass sie innerhalb der Lebenszeit Ihrer Jünger stattfindet, um ihnen genügend Angst einzujagen? Achtung: Termin nicht zu früh ansetzen, sonst brauchen Sie demnächst einen verdammt guten Grund, warum die Apokalypse nicht stattgefunden hat.

5. Stehen Gesetze Ihres Standorts in Konflikt mit Ihrer Religion? Gegebenenfalls müssen Sie den Gesetzeshüter bestechen oder Ihren Kultzentrum in ein entlegenes Örtchen auf einen anderen Kontinent verlegen.

6. Haben Sie bereits ein Manifest verfasst, das Ihr Erweckungserlebnis, Ihre Gesetze und Ihre Alleinherrschaft zementiert? Tipp: Möglichst bildhafte Sprache wählen, die keiner versteht. Auch Sie nicht. Zweitverwertung: Kleine Bändchen mit Interpretationen und Deutungen. Immer mit dem Hinweis, dass Sie das alles gar nicht gesagt haben, sondern dass es direkt von Gott kommt.

7. Gibt es bestimmte Essensvorschriften? Wird nur an Dienstagen frisches Obst gepflückt? Sind bestimmte Schokoladensorten unrein? Dürfen Tiere nur geschlachtet werden, nachdem sie vorher drei Tage lang Pommes gefressen haben?

8. Wie sollen sich Ihre Anhänger kleiden? Kutte, weiße Toga, Karnevalshütchen, Bananenröckchen, nur mit einer Kordel bekleidet, Gesundheitslatschen, Flipflops?

9. Wie möchten Sie genannt werden? Eure Herrlichkeit, Meister, Chef, Gott, Durchlaucht, Eminenz, Lord, Imperator, Allmächtiger, Allwissender, Großer Käse, Prinz, Doktor, Käpt'n?

10. Stichwort Benchmarking: Kennen Sie die Konkurrenz und ihre Heilsversprechen? Vergleichen Sie Einnahmen und Jüngerzahlen. Behaupten Sie, dass Anhänger des Konkurrenzvereins Ungläubige und verlorene Seelen sind. Vergessen Sie nie: Nur Sie kennen die Wahrheit!

Von der kryon'schen Feld-, Wald- und Wiesenabzocke ist es nicht weit bis zu einer Irrlehre wie Scientology, der auch Prominente wie Tom Cruise und Katie Holmes, John Travolta und Priscilla Preston angehören. Ganz so erfolgreich wie im Land der unbegrenzten Dämlichkeiten ist der Kult hier nicht, aber das Bayerische Staatsministerium des Innern warnt sehr eindeutig: »Scientology hat nicht Ihr Wohl, sondern den Profit und die Weltherrschaft im Auge!«

Anders als in Amerika, wo Scientology als Religion gilt, wird »die Kirche« hierzulande als Kult eingestuft, da sie ihre eigenen religiösen Wurzeln mitbringt. Und diese klingen schon reichlich abgedreht: Ein außergalaktischer Herrscher namens Xenu soll vor Jahrmillionen in seiner Heimat ein Überbevölkerungsproblem gehabt haben. Er reiste daher zur Erde, damals Teegeeack genannt, brachte die Leute mit, die er zu Hause nicht gebrauchen konnte, und legte sie am Fuße der Vulkane ab. Als Nächstes warf er in jeden Vulkan eine Wasserstoffbombe. Die Seelen der Getöteten wurden durch die atomaren Winde zerstreut und vereinigten sich zu Gruppen, die sich jeweils einen der übrig gebliebenen lebendigen Körper schnappten. Diese Wesenskerne sind die Thetane, die aber nichts von ihrer allmächtigen und allwissenden Existenz wissen, bis sie durch das Scientology-Programm erlöst werden. Klingt verschwurbelt, ist aber nicht weiter verwunderlich, wenn man weiß, dass Scientology-Gründer Ron L. Hubbard Science-Fiction-Autor war. Selbst seine Anhänger versuchen, die Gründungsgeschichte aus der Öffentlichkeit fernzuhalten.

Für Scientology scheint das Geldverdienen mit Merkwürdigkeiten an erster Stelle zu stehen. Hubbard wird das folgende Zitat zugeschrieben: »Es ist lachhaft, für einen Hungerlohn Zeilen zu schinden. Wer Millionen scheffeln will, gründet am besten seine eigene Religion«, sagte er laut *New York Times* schon 1949. Hubbard behauptete später, das hätte doch George Orwell gesagt, und Scientology hat in der Vergangenheit mehrfach dagegen geklagt, dass dieses Zitat Hubbard zugeschrieben wird. Wie auch immer: Schon die Auditings, denen sich die Scientologen auf dem Weg zum »clear«, zur völligen Freiheit, unterziehen, kosten ein paar Tausend Euro – wer es wirklich ernst meint, gibt bis zur höchsten Stufe rund zweihundertsiebzigtausend Euro aus, schätzt der Religionspsychologe Benjamin Beit-Hallahmi.

Bei den guten alten christlichen Kirchen kommt man da billiger weg: Wer als Durchschnittsverdiener im Alter von zwanzig Jahren in den Beruf einsteigt, zahlt bis zum Rentenalter – Lohnsteigerungen nicht mitgerechnet – rund fünfundzwanzigtausend Euro Kirchensteuer. Der Glaubensanbieter-Check lohnt sich also. Er kann allerdings nicht darüber hinwegtäuschen, dass Religion offenbar immer mit dem Umsatz von Barem einhergeht.

Jeder sollte sich daher gut ansehen, wie viel Kohle seine Gutgläubigkeit einem anderen vielleicht einbringt. Vor allem, wenn wie in der Schweiz inzwischen etwa eintausend esoterische, christliche und neue religiöse Bewegungen um Mitglieder werben.

Was bleibt nun für eifrige Sinnsucher und Religionsbastler unter dem Strich übrig? Ein Flickengebetsteppich passt deshalb so gut in unsere Zeit, weil das Patchworken dem Multitasking gleicht: Alles machen, aber nix richtig. Und genau da liegt der Haken. Wer bewusst hinschaut, erkennt, dass die wahllose Zusammenstellung spiritueller Versatzstücke in eine nebulöse Beliebigkeit führt. Das Metaphysische ist für uns nicht durchschaubar, und so stochern wir in den verschiedenen Süppchen, ohne zu wissen, ob uns das, was da gekocht wird, am Ende auch wirklich guttut. Wir versuchen, die Wahrheit zu finden, und vertrauen dabei Menschen, die uns vorgaukeln, an einem Ort gewesen zu sein, von dem keiner jemals zurückgekehrt ist, und Wesen getroffen zu haben, die unsichtbar sind und angeblich übernatürliche Kräfte besitzen. Wie glaubwürdig ist so etwas?

Vielleicht wären wir statt mit spirituellen Luftsprüngen besser mit Erfahrungen in der Realität bedient, die für uns durchschaubarer, weil sinnlich wahrnehmbar sind. Warum vertrauen wir zur Abwechslung nicht mal auf etwas, das wir auch sehen und anfassen können und das uns sofort glücklich macht?

6

EDEN FÜR JEDEN
Auch Heidenkinder
haben Heidenspaß

*K*inderkacke wohnt nichts Göttliches inne, dennoch kann sie dem Leben eine tiefere Bedeutung verleihen – im übertragenen Sinne natürlich. Das weiß Markus aus Berlin inzwischen, doch der Weg zu dieser Erkenntnis war mit etlichen vollen Windeln gepflastert. Wie im Falle einer Vaterschaft üblich, begann für den jungen Industriekaufmann alles mit der frohen Botschaft des Frauenarztes, dass seine Frau Ina schwanger sei. In der folgenden Zeit wurden beide mit Hinweisen auf Gottes Macht in ihrem Leben geradezu überschüttet: Markus' Schwiegereltern beharrten darauf, dass Kinder ein Geschenk Gottes wären. Befreundete Elternpaare, bei denen das Baby problemlos geflutscht war, sagten, die Geburt sei ein Wunder. Und die Nachbarn schenkten zur Vorbereitung auf den großen Moment ein Buch, dessen Umschlag rosafarbene Wolken zierten. »Kommt ein Kind zur Welt, öffnet sich im Himmel ein Fenster, und ein Engel sieht herab«, stand darin. Für Markus klang dies höchst befremdlich, da er bis jetzt mit Jesus und seinem Clan nie auf Tuchfühlung gegangen war. Nachdem seine Erwartungen aber derart geschürt worden waren, erwartete er die Geburt mit einiger Spannung.

Endlich war es dann soweit, und Markus erlebte tatsächlich ein Wunder. Allerdings ein blaues. »Du kannst nie tiefer fallen als in Gottes Hand«, hatte ihm seine Schwiegermutter noch mit auf den Weg ins Krankenhaus gegeben. Nun fühlte es sich an, als habe Gott die Hand weggezogen. Markus fiel beim Anblick des vielen Bluts nicht auf weiche Wolken, sondern mit dem Hintern auf den harten Linoleumboden des Kreißsaals. Eine Schwester begleitete ihn zum Luftschnappen vor die Tür. Hinter ihnen erklangen markerschütternde Schreie, so als würde ein wahnsinniger Serienkiller sein Unwesen treiben.

»Das passiert den meisten Männern beim ersten Mal«, tröstete ihn die Schwester und drückte aufmunternd seinen Arm. Dann schob sie ihn langsam zurück in Richtung Kreißsaal. Die Tür öffnete sich und Markus erblickte Ina, die auf dem Geburtshocker kniete. Zwischen ihren Beinen lugte der Kopf des Kindes hervor, und Markus wurde schon wieder flau im Magen.

»Ich halt das verdammt noch mal nicht mehr aus!«, brüllte Ina wenig würdevoll. »Jetzt hilf mir doch endlich!«

Markus versuchte seine Frau zu stützen, so wie sie es im Geburtsvorbereitungskurs gelernt hatten. Himmlische Gefühle kamen allerdings auch dabei nicht in ihm auf.

»Und jetzt?«, fragte er nach einer Weile planlos.

»Jetzt nehmen Sie Ihr Kind einfach in den Arm«, sagte die Schwester und reichte ihm ein kleines Bündel. »Sie haben es geschafft!«

Markus zog das Handtuch, in das seine kleine Tochter eingewickelt war, einen Spalt weit auseinander und blickte in das kleine Gesichtchen. In dem Moment öffnete Leonie zum ersten Mal in ihrem Leben die Augen und sah Markus an. Nun war ihm nicht mehr übel, dafür ergoss sich ungehemmt der River Kwai aus seinen Tränendrüsen. Ja, in diesem Moment kam ihm ihre Geburt tatsächlich vor wie ein Wunder, aber eher wie ein Wunder der Natur, die, wie auch immer, so etwas Schönes zustande brachte.

Markus erzählt gern von der Ankunft seiner Tochter, denn seitdem sie auf der Welt ist, hat er viel über den Zusammenhang von Kindern und Lebenssinn nachgedacht. Seine unschuldige Vorfreude auf das Wunder der Geburt erscheint ihm im Nachhinein betrachtet wie die unnötige Verklärung von grausamen Tatsachen. »Wenn es Gott wirklich gibt und er wollte, dass Menschen Kinder kriegen, warum hat er dann so ein Gemetzel daraus gemacht?«, sagt er. »Und überhaupt – vier Mal in der Nacht aufstehen ist verdammt anstrengend. Wer darin ein Geschenk Gottes sieht, dem kann man nicht helfen.« Trotzdem hat Leonie ihm die Augen für die wirklich wichtigen Dinge des Lebens geöffnet. »Mir ist auf eine neue, sehr greifbare Art bewusst geworden, dass mein Leben tatsächlich endlich ist, dass aber ein Stück von mir in Leonie weiterleben wird. Und jetzt ist es meine Aufgabe, für sie da zu sein.«

»Ein ›christliches Kind‹ gibt es nicht;
es ist nur das Kind christlicher Eltern.«
RICHARD DAWKINS

Auch wer nicht glaubt, braucht eine Orientierung und Fixpunkte im Leben. Wie Markus ziehen viele dabei heutzutage weltlichen Pragmatismus dem religiösen Gedankengebäude vor. Es bedarf auch keiner transzendenten Wunderwelten und paradiesischen Heilsversprechen mehr: In unserer sinnlich erlebbaren Welt gibt es viele säkulare Sinnangebote, allerdings sind sie erlebbar, greifbar, beweisbar, man kann sie fühlen, riechen und schmecken, und sie versprechen das große Glück bereits im Diesseits und nicht erst nach dem Ableben. Den einen genügt der Blick in die Augen der eigenen Kinder, um dem Dasein einen Grund zu geben. Andere feiern den Aufbau des neuen Flachbildfernsehers wie die Errichtung eines Heiligenschreins im heimischen Wohnzimmer, und die simple Schlüsselübergabe zum Traumwagen wird in Wolfsburg, Zuffenhausen oder München als dramatischer Akt zelebriert wie die heilige Messe samt Abendmahl. Andere entdecken die lange vergessene Atomdebatte als Grund für einen nachhaltigen Lebenswandel wieder oder regen sich über einen überteuerten Bahnhof auf, dessen Verhinderung sie fortan all ihre Zeit widmen. Sogar das Wetter trägt pseudoreligiöse Züge: »Wir glauben an den Klimawandel. Glauben, weil wir es nicht wissen, aber Politik und Wissenschaft haben uns so lange gesagt, dass es wärmer wird, nun muss es so sein«, verkündete die *3sat Kulturzeit* jüngst. »Es ist ein Dogma – das heißt, was uns an Wissen fehlt, wird durch gläubige Gewissheit wettgemacht.«

Alle paar Wochen rufen die Medien und Trendsetter eine neue Ersatzreligion aus, die uns Lebenszufriedenheit versprechen soll. Die *Zeit* kürt Steve Jobs zum Papst einer »Apple Weltkirche«, was uns an Karl Marx erinnert, der sagte, dass der Kapitalismus Gebrauchsgegenstände religiös aufladen muss, will er erfolgreich sein. Daran knüpft Meinhard Miegel an, wenn er sich in seinem Buch *Exit* auf die Weltreligion des Konsums bezieht. Die *FAZ* hält auch Fußball für »eine Frage des Glaubens«, wenn der Sport zum spirituellen Großereignis wird. Der Psychologe Alfred Gebert erklärte im *Focus* Mode zu mehr als zu einem Trend: »In Zeiten, in denen übergeordnete Werte fehlen, wird Außenorientierung zur Ersatzreligion. Gut geht es mir nur, wenn meine neue Frisur bemerkt wird.« Wellness, Bio, Online-Rollenspiele, – Magazine, Fernsehen und Zeitungen meinen hier, Ersatzglauben erspäht zu haben. Im Kern geht es dabei immer um mehr oder weniger dogmatische Glaubenssätze, starke Leitbilder und einen tieferen Lebenssinn. Selbst die Ernährung wird in den Medien zur Ersatzreligion. So rief das *Jetzt*-Magazin vor einiger Zeit einen »Glaubenskrieg ums Essen« aus.

Gott kann in Frankreich **STEFAN** nicht viel besser gegessen **ERZÄHLT** haben. Die marinierte Entenleber mit gelber Bete, Süßholz und Entenrillettes – gequirlter Wasservogel, wie ich später ergoogle – liegt wie ein unwiderstehliches Versprechen hübsch drapiert vor mir auf dem Teller. Wer soll da nein sagen? Ich bestimmt nicht, denn ich liebe Essen. Wirklich! Es gibt nur wenig andere Dinge, die mich so in Verzückung bringen wie ein leckeres Menü und ein Schoppen guter Wein. Dabei bin ich nicht pingelig – auch ein gutes holländisches Krabbenbrötchen kann mir Jauchzer entlocken. Meine schnell ausufernde Figur muss ich deshalb leider mit einem rigiden Sportprogramm in Schach halten.

Anne und ich sind im Sternerestaurant von Nils Henkel im Schloss Lerbach zu Gast. Reine Recherche, versteht sich. Denn wir haben gehört, dass für manchen Zeitgenossen Essen religiöse Züge trägt. Das Versprechen der Michelinküche: ein himmlischer Genuss, der uns in andere Sphären beamen kann. Wir werden zu einem kleinen Aperitif an die Bar gebeten. Der Boden ist aus dunkler Eiche, die Lampen sind mit Seide bespannt, die Ledersessel gediegen. Es gibt Nüsschen und Wasabi-Chips, und nachdem wir fast schon beschlossen haben, dass wir den Abend gut auf diese Weise bestreiten könnten, tritt ein junger Mann zu uns.

»Ich bin Ihr persönlicher Kellner«, sagt er mit gedämpfter Stimme, »und begleite Sie durch den Abend.«

Als wir im Speiseraum am intimen Zweiertisch Platz genommen haben, weist uns der Sommelier in die telefonbuchdicke Weinkarte ein. Die Atmosphäre ist entspannt wie im Luxus-Spa, alles wirkt leicht und luftig, schließlich soll man die Seele baumeln lassen können.

Früher hat hier Dieter Müller, ein Heiliger der deutschen Küche, kulinarische Wunder vollbracht. Sein Jünger Nils Henkel tritt mit moderner Botschaft an: »Pure Nature«. Das Grußwort in der Speisekarte verspricht einen Gaumenschmaus ganz im Sinne der Bionade-Bohème: »Ich lege größten Wert auf kurze Wege, den Aspekt der Nachhaltigkeit und fühle mich der Umwelt verpflichtet.« Selbst Vegetarier können hier ein sechsgängiges Menü bestellen. Gut für Anne, denn von meiner Entenleber würde sie mit ihrer Vorliebe für Hasenfutter doch nur Albträume bekommen.

»Ich möchte schon mal ein Zeichen setzen.« Mit diesen Worten drapiert der Kellner das Handwerkszeug für den nächsten Gang auf dem Tisch.

»Was meint er damit?«, raunt mir Anne verwundert zu.

Ich zucke mit den Schultern. Vermutlich sprach er von den »zwei Süppchen«, die just in diesem Moment aus der Küche einfliegen – eine Gewürzkürbiscrème und eine Bouillon von Gänseleber mit Périgordtrüffel und Nussbutterschaum. Recht ordentlich, denke ich, so kann's weitergehen. Und das tut es auch, jeder Gang ist für sich eine Offenbarung. Nachdem wir gegessen haben, schlendert noch der Küchenprophet selbst vorbei, um uns zu fragen, ob es gemundet hat.

 Auf der Heimfahrt können wir nicht abstreiten, ein neues Level der Esskultur erklommen zu haben, jenseits von Schnellimbiss, Eckitaliener und Tütensuppe. Ich habe das Gefühl, eine höhere Bewusstseinsebene erlangt zu haben, was aber auch an der Magenüberdehnung liegen könnte. Für sechs Gänge war das Paradies zum Greifen nah. Wer meint, dass Essen Sünde ist, soll sich ruhig weiter mit Backoblaten begnügen. Immerhin muss er dann am nächsten Tag nicht im Fitnessstudio Buße tun.

*D*ie irdischen Sinnangebote poppen schneller auf, als man sie wegklicken kann. Ein Versprechen ist all diesen Angeboten gemein: Hier können wir das Richtige tun und dabei mit unseren Sinnen erfahren, wie sich Glück anfühlt – ohne auf den Einlass in ein mutmaßliches göttliches Paradies warten zu müssen. Aber was ist wirklich drin im neuen Sinn? Können materielle Werte, Spaßgesellschaft und kurzlebige Trends einfach jahrtausendealte Religionen ersetzen?

»Ich bin ein Workaholic«, verkünden stolz die Mimen Lindsay Lohan, August Zirner, Ashley Greene und viele andere. Dabei muss man kein Star sein, um in der Arbeit den alleinigen Sinn seiner Existenz zu sehen. Evi ist ein gutes Beispiel. Jeder hat einen Kollegen wie sie im Büro: Morgens ist sie selbstverständlich als Erste im Büro und für ihren Chef immer erreichbar, selbst abends und am Wochenende. Für Evi gibt es nichts Wichtigeres als die wöchentliche Abteilungskonferenz, ihre Projekte sind durch abendliche Überstunden immer vor Termin fertig, und sie leistet wahre Frondienste, um alle Materialien für ihre Powerpoint-Präsi zusammenzupuzzeln. Abends ist sie die Letzte am Schreibtisch – als ritualhafte Handlung zum Abschluss des Arbeitstages macht sie den Rechner aus, sieht noch einmal in allen Büros nach, ob die Fenster geschlossen sind, und hinterlässt dabei den Kollegen gelbe Post-its mit wichtigen Aufgaben für den nächsten Morgen. Familie und Freunde kommen stets an zweiter Stelle, und so hätte Evi stolzer nicht sein können, als der Firmenchef ihr persönlich zum Geburtstag ein Fläschchen Trüffelöl überreichte.

»Früher wurden die seelischen Bedürfnisse von Menschen in der Kirche wahrgenommen. Heutzutage sind es Medizin oder auch Sport, wo spirituelle Antworten, Vergebung und Erlösung gesucht werden. Wenn ich sehe, wie Leute ins Fitnessstudio rennen, dann hat das was von religiösem Eifer. Das ist für mich die gleiche Haltung, mit der Sünder sich früher auf den Rücken gehauen haben. Nur sind die Geräte ergonomischer geworden.«
ECKART VON HIRSCHHAUSEN

Die Evis in unseren Büros zelebrieren ihr Arbeitsleben wie eine Religion. Selbst Menschen, die als normale Angestellte nicht üppig verdienen, sind bereit, alles andere aufzugeben, nur um in ihrem Job zu brillieren. Die Arbeit wird zum Selbstzweck, ist aber auf ein höheres Ziel ausgerichtet – selbst die Kirche lehrt immerhin, dass man große Freuden erreicht, wenn man sich ordentlich quält. Der Ort, an dem wir heute Buße tun und dessen Atmosphäre heilig ist, ist das Büro. So wie früher kritisch beäugt wurde, wer sonntags in der Kirche war, schielen heute die Kollegen darauf, wer abends am längsten bleibt. Überstunden sind die neue Selbstgeißelung des 21. Jahrhunderts, und das Resultat, die moderne Glaubenskrise, bleibt nicht aus. In der *Zeit* schreibt Ulrich Greiner: »Der Gott des Geldes und des Erfolgs verlangt von seinen Dienern zuweilen mehr als der Gott der Christen.« Der *Stern* titelte jüngst: »Panik, Isolation, Erschöpfung. Wenn der Job das Leben frisst«, und der *Spiegel* findet gar in der Bibel erste Geschichten von Burn-outs: Früher hieß die Diagnose daher »Elias-Müdigkeit«. Eine Untersuchung des Robert-Koch-Instituts zeigt, dass bereits vier Millionen Bundesbürger wegen überhöhter Arbeitsbelastung an Depressionen leiden, und nach einer Studie der Universität Bonn weist bereits jeder siebte Arbeitnehmer Symptome der Arbeitssucht auf. Der amerikanische Psychologe Abraham Maslow erkannte, dass Fragen nach dem Sinn vorwiegend in existenziellen Notsituationen auftreten, beispielsweise, wenn man Hunger habe oder Schmerzen leide. Daher hinterfragen viele Menschen ihr Tun lange Zeit nicht, sondern erst dann, wenn der Stresskollaps da ist, und selbst dem können wir oft noch etwas Gutes abgewinnen: Der Burn-out wird von vielen als eine Art Auszeichnung betrachtet, wie eine

Kriegsverletzung, die von bedingungslosem Einsatz und Tapferkeit kündet. Wer damit Probleme hat, sucht zur Seelsorge allerdings nicht den nächstbesten Pfarrer auf. Wir gehen lieber zum Psychiater, treten zur Beichte im Personalgespräch an oder tun Abbitte im Coachingseminar, das mit Bühnenprediger und gemeinsam wiederholten Formeln wie »Chakka – du schaffst es!« nicht nur entfernt an einen Gottesdienst erinnert.

>»Geld ist die wahre Weltreligion.«*
>Bernie Ecclestone

Der Job ist so für viele von uns zu einer Ersatzreligion geworden. Warum auch nicht, es fühlt sich ja schließlich gut an, wenn man erfolgreich ist, seine Aufgabenliste am Ende der Woche abgehakt hat oder als Märtyrer an der Arbeitssucht kaputtgeht. Das Karrierestreben hat letztlich die gleiche Funktion wie der Glauben: Es soll unserem Leben Sinn und Orientierung geben.

Fleiß hat als Lebenssinn darüber hinaus einen großen Vorteil: Er ist in unserem gesellschaftlichen System als Tugend anerkannt. »Die Gesellschaft«, meinte einmal der Berliner Medienwissenschaftler Norbert Bolz, »braucht ein Stellensystem der Antworten, das man traditionell Religion nennt.« Unsere moderne Religion sei daher der Kapitalismus, weil er uns Antworten und eine Befriedigung verspreche. Einer der ersten Propheten dieses Religionsersatzes war der Kulturphilosoph Walter Benjamin. »Im Kapitalismus ist eine Religion zu erblicken«, schrieb er. »Der Kapitalismus dient essenziell der Befriedigung derselben Sorgen, Qualen und Unruhen, auf die ehemals die sogenannten Religionen Antwort gaben.«

Wie so viele Lebensentwürfe und Kulturgüter in den vergangenen sechzig Jahren, haben wir auch die kapitalistische Sinnstiftung aus den USA importiert, dem Traumland aller ambitionierten Tellerwäscher. Die einfache Rechnung: Bist du erfolgreich, bist du wohlhabend, erfüllst du dir alle Wünsche, bist du glücklich. Jeder neue Wohlstandslevel, jede neue Errungenschaft bedeutet einen weiteren Schritt zum Glück, eine neue Stufe auf dem Weg zum irdischen Paradies im Konsumtempel. Der traditionelle Glaube kann da oft nicht mithalten. »Der Wohlstandsatheismus ist für die Kirche wesentlich gefährlicher als etwa der staatlich verordnete Atheismus der DDR, denn er hat etwas zu bieten«, sagt auch Pfarrer i.R. Christian Führer. »Die neuen Tempel dieser wohlriechenden Wohlstandswelt, Banken und Kaufhäuser, haben – besonders auch für Jugendliche – eine große Anziehungskraft.« Wer die Erfüllung beim Shoppen schöner Dinge findet, findet das natürlich nicht schlimm. Und sollte dabei doch einmal etwas schief gehen, haben wir ja Lebens- und Krankenversicherungen abgeschlossen. Unsere Geschicke legen wir deshalb nicht mehr in die Hand eines kirchlichen Seelsorgers, sondern in die unseres Arztes oder Finanzberaters.

»Wir sind hier auf der Welt nur für einen kleinen Moment.
Was wirklich zählt, ist, was wir erschaffen, was wir aufbauen.
Was zählt, sind unser Handeln und unsere Entscheidungen.
Das bleibt für immer. Das ist der wahre Wert unseres Daseins.«
Nicolas Berggruen

Wichtig, das wissen wir aus den »echten« Religionen, sind Rituale und Feste als gemeinschaftsstiftende Erlebnisse zur Bestärkung des Glaubens. Wer einmal an einem Samstagmorgen beobachtet hat, wie sich Ströme Kaufwütiger durch die Fußgängerzonen unserer Großstädte drängen, der weiß: Die wichtigste – und schönste – Zeremonie der Konsumgemeinde ist das Einkaufen. »Weltreligion Shoppen« nennt der *Spiegel* das Phänomen. »Shoppen ist allgegenwärtige Metaphysik auf Kleiderstangen, Gott in Einkaufstüten. (...) Der Weg ist das Ziel, jedes Schaufenster eine Offenbarung, jedes Logo ein Glücksgefühl – von Chanel bis Harley Davidson.« Im Kauf liegt der Schlüssel zum Seelenheil, solange die Güter genügend Bedürfnisse erfüllen. Der Fernsehwerbespot, in dem uns ein Produkt als unentbehrlich präsentiert wird, ist der moderne Kurzgötzendienst. Statussymbole und Markenartikel bestimmen unser Selbstbild und unser Glücksempfinden. Peter Zernisch, der Autor des Buches *Markenglauben managen*, hält Marken für »epigenetische Werte«. Sie beruhen auf uralten Werten der Menschheit und sind damit einfach das Plus, das der Kunde will, also Freiheit, wenn es um eine Zigarettenmarke geht, Beständigkeit in der Werbung eines fünftürigen Kombis, Mutterliebe, mit der klebrige Halbkugeln aus Karamell und Schokolade beworben werden.

Der dänische Markenberater Martin Lindstrom hat untersucht, was eingeführte Marken im Gehirn auslösen. Eine Louis-Vuitton-Tasche zeigt in der Computertomografie, dass ihr Kauf der Käuferin ein Gefühl der Überlegenheit beschert; ein Mini Cooper regt die gleiche Hirnregion an, die aktiv ist, wenn wir Gesichter erkennen – vor allem Babygesichter. Lindstrom hat außerdem die Emotionen untersucht, die Weltreligionen bei ihren Konsumenten wecken, und dabei festgestellt, dass sie die gleichen Hirnregionen stimulieren, in denen auch die Wohlgefühle beim Betrachten einer erfolgreichen Marke zu Hause sind. »Ist das Christentum nicht selbst eine Marke und das Kreuz eines der sublimsten aller Markenzeichen?«, fragte auch das *Handelsblatt* bei der Betrachtung christlicher Symbolik.

Einer, der die Macht starker Zeichen kennt und mit einem angebissenen Apfel selbst eins erfunden hat, wird als großer Prophet gefeiert: Steve Jobs, den das *New York Magazine* »iGod« nannte. Seit den Anfangsjahren von Bill Gates hat es niemand sonst geschafft, sich mit seinen Erfindungen derart in unseren Alltag einzumischen, allgegenwärtig zu sein und eine neue Heilslehre zu verkünden.

Frage: »Was ist der Unterschied zwischen Bill Gates und Gott?«
Antwort: »Gott glaubt nicht, Bill Gates zu sein.«
INFORMATIKERWITZ

Steve Jobs erschuf eine vorwiegend weiße, wohldesignte, einfache Welt. Sein Logo scheint geradewegs vom Baum der Erkenntnis zu kommen. Leider nur ist das Inventar seiner Kirche nicht für einen Apple und ein i zu haben. Doch das macht seinen Anbetern nichts – sie kaufen alles, was Steve erschafft. Er sprach, es werde iPod. Er brachte das iPhone zu uns. Er offenbarte uns das iPad. Bei jedem neuen Produkt belagern seine Jünger die Applestores weltweit wie die Gläubigen den Petersplatz bei der Papstansprache. »Believe in Steve«, singt der Klavierkabarettist Bodo Wartke. »Schließt euch uns an und seid nicht länger Skeptiker, werdet auch ihr Mac-ianer, werdet Apple-leptiker! Hallelujah!«

Niemand inszeniert sich und seine Produkte mit so großem Gestus und einer solch missionarischen Haltung wie Steve Jobs. Die Rede, die er 2005 an der renommierten Uni von Stanford hielt, ist für orthodoxe Applenutzer die Bergpredigt des iKults: »Der Tod ist das Schicksal, das wir alle teilen«, verkündete Steve seine Lebensphilosophie. »Deine Zeit ist begrenzt, also verschwende sie nicht, indem du das Leben anderer lebst. Lass nicht das Lärmen anderer Meinungen deine innere Stimme übertönen. Habe den Mut, deinem Herzen und deiner Intuition zu folgen.« Jesus hätte es nicht schöner sagen können.

Steve ist nur einer von vielen modernen Heiligen, die uns Vorbild und Lichtgestalt sind, und die mit ihrem Erfolg und ihrem Ruhm das verkörpern, wonach wir uns alle sehnen: niemals in Vergessenheit zu geraten. Lady Diana galt als Engel, Kurt Cobain wird noch heute so verehrt, dass ihn seine Fans auf Facebook bei Gott gegen Lady Gaga eintauschen wollen. Wir machen Prominente zu Heiligen. Ihre Biographien gleichen modernen Evangelien: Keith Richards kündet in *Life* vom wahren Leben zwischen Whiskypulle, Rock 'n' Roll und einem Drogencocktail, Barack Obama sagt in *Ein amerikanischer Traum*, wie man es bis ganz nach oben schafft, und was ein moderner Medienmessias ist, lesen wir in *Julian Assange –*

Der Mann, der die Welt veränderte. Das Schöne am Starkult ist, dass unsere modernen Heiligen nicht erst sterben müssen. Es gibt sie hier und heute, live und in Farbe, und Shows wie *Das Supertalent* oder *Germany's Next Top Model* verheißen uns, dass auch wir den Weg ins Paradies des Ruhms finden können.

Andere Neo-Heilige trifft man vermehrt auf Fußballplätzen an. Das Spiel mit dem runden Leder trägt für viele Fans ebenfalls religiöse Züge. Das belegen Bestseller wie *Fußball unser*, Spiele, die als »Wunder von Bern«, oder Turniere, die als »Sommermärchen« in die Annalen eingehen, und Spieler, die als Fußballgötter bezeichnet werden. So verehrt die »Iglesia Maradoniana« zum Beispiel den argentinischen Superstar Diego Armando Maradona, »die Hand Gottes«. D10S wird er weltweit von seinen Anhängern genannt, eine Mischung aus dem spanischen Wort *Dios* (Gott) und seiner Rückennummer zehn. Höchster Feiertag ist Maradonas Geburtstag, auf dem übrigens auch die gemeindeinterne Zeitrechnung basiert. Als Heilige Schrift dient die Autobiografie des Weltmeisters. Auszug aus den zehn Geboten: »Erkläre deine bedingungslose Liebe zu Diego und gutem Fußball. Trage Diego als zweiten Namen und benenne auch deinen Sohn nach ihm.« Ähnlich kultische Verehrung kennt man nur von Elvis-Fans, denen ihr verstorbenes Idol auch schon mal gerne in einer Erscheinung gegenübertritt und denen Hackfleischbuletten und Bananenpudding nach den kulinarischen Vorlieben des King als heilig gelten. Das Graceland, also die Kultstätte der Fußballgötter ist das Stadion, die Fan-Schals zollen ihnen Respekt, der Kirchenchoral ist das vielstimmige Grölen der Vereinshymne. »Der Fußball kann eine ernsthafte

Konkurrenz sein zur Religion«, sagt auch Theologe Hans Küng, und der britische Literaturtheoretiker Terry Eagleton schrieb über die Pseudoreligion Foppes: »Wenn man fragt, woraus heutzutage zahlreiche Männer ihren Lebenssinn beziehen, gäbe es sicher schlechtere Antworten als ›Fußball‹. Sport, das sind Stammesloyalitäten und Rivalitäten, symbolische Rituale, sagenhafte Legenden, zu Ikonen gewordene Helden, epische Kämpfe, ästhetische Schönheit, körperliche Erfüllung, intellektuelle Befriedigung, erhabenes Schauspiel und ein tiefes Zugehörigkeitsgefühl.« So ereilt uns beim Public-viewing das »Schland-Gefühl«, und in der Südkurve singt jeder beherzter als in der Sonntagsmesse. Kein Wunder, dass selbst eingefleischten Journalisten der Fußball so tief im Hirn steckt, dass für christliches Basiswissen kein Platz mehr ist. Im *Hamburger Abendblatt* war daher über eine Zeitschriftenausgabe des Neuen Testaments zu lesen, man finde darin die »vier Evangelien (Lothar, Markus, Lukas, Johannes)«.

*»Der Fußball ist einer der am weitesten
verbreiteten religiösen Aberglauben unserer Zeit.
Er ist heute das wirkliche Opium des Volkes.«*
UMBERTO ECO

Auch andere Großevents sind für uns mit festen Ritualen verbunden. Zum Eurovision Song Contest verabreden wir uns in kleinen Gemeinden vor dem Fernseher und reichen Guildo-Horn-Gedächtnis-Nussecken, zur Formel 1 gehören Devotionalien wie die Ferrarifahne oder das Käppi mit Schumi-

Autogramm, und beim Rockkonzert geben wir uns in uniformen Band-T-Shirts der Massenhypnose hin.

Wir sind eine anspruchsvolle Gemeinde und blättern gern Geld auf den Tisch – für das Live-Konzert genauso wie für unseren Heimaltar, das Fernsehen. Die Mutter aller rituellen Serien ist der gute alte *Tatort* – wie das Wort gehört auch der Mord zum Sonntag. Für manchen ersetzt die Lieblingsfernsehserie bei der Suche nach dem Lebenssinn die Pannenhilfe, die sonst traditionelle Religionen anbieten. So hat zum Beispiel Klingone Tobias seine Weltanschauung der Serie *Star Trek* entlehnt, die zwar nicht vor zweitausend, aber schon vor etlichen Jahren erfunden wurde. Der Serie ist schon des Häufigeren vorgeworfen worden, ihre Fans würden daraus einen Kult machen. Sollte das so sein, dann käme uns das auch nicht abstruser vor als die Theorien von L. Ron Hubbard.

Wir treffen Tobias in Bonn auf der FedCon, Europas größter Science-Fiction-Messe und Treffpunkt für Tausende Trekkies. Tobias trägt einen dichten Bart und eine lange Mähne, die von für Klingonen typischen Verknöcherungen auf der Stirn zerteilt wird, welche seine Stirn wie das alpine Vorgebirge aussehen lassen. In seinem richtigen Leben arbeitet er als Webdesigner in Düsseldorf. *Star Trek* hat er zum ersten Mal gesehen, als er zehn war, seitdem ist er süchtig – oder sollte man besser sagen: gläubig? »Die Weltsicht der ganzen Serie hat mich zutiefst geprägt«, sagt er. Der Raumschiff-Enterprise-Erfinder Gene Roddenberry war ein leidenschaftlicher Befürworter der gleichen Rechte für alle Menschen. Diese Philosophie zieht sich als roter Faden durch das gesamte *Star-Trek*-Universum: Im 24. Jahrhundert sind die großen Probleme unserer heutigen Zeit überwunden, die Menschheit

versteht sich als globale Einheit, es gibt keine soziale Ungerechtigkeit mehr, keinen Hunger, keine Armut, keinen Krieg.
Bei der Besiedlung des Weltalls streben die Menschen eine
friedliche Koexistenz mit anderen Wesen an. So viel Softie-
tum hat selbst die Bibel nicht zu bieten.

»Vieles, was da in den *Star-Trek*-Serien gelebt wird, würde unserer heutigen Welt weiterhelfen und etliche Probleme
lösen«, meint Tobias. Die Serie hat sogar eine Perspektive für
das Leben nach dem Tod parat. »Nach dem Tod kommt nichts
mehr, glaube ich«, sagt Tobias. »Das ist auch gut so. Denn
umso kostbarer wird unser Leben im Diesseits.« Er verweist
auf weise Worte von Enterprise-Captain Jean-Luc Picard:
»Was wir hinterlassen, ist nicht so wichtig wie die Art, wie
wir gelebt haben. Denn letztlich sind wir alle nur sterblich.«

»Another one bites the dust
Hey I'm gonna get you, too,
Another one bites the dust.«
QUEEN

Zu dieser Erkenntnis über eines der letzten großen Tabus
kann man offen gestanden auch ohne *Star Trek* kommen.
Allerdings mag heute kaum einer darüber nachdenken: Den
Tod hat unsere vom Jugendwahn geprägte Gesellschaft aus
dem Alltag verbannt – man trifft ihn nur noch in verborgenen
Winkeln wie in Altenheimen, Krankenhäusern und Sterbe-
hospizen an. Eigentlich blöd, denn auch für diejenigen, die
nicht an Götter und Propheten glauben und ihr Lebensglück

lieber in einer der Ersatzreligionen suchen, kommt eines Tages das große Game-Over-Schild. Eine ganz neue Branche will den Tod komplett abschaffen. Ihre weltliche Alternative zum Nachleben ist die Kryogenetik, die uns verspricht, dass uns eines Tages vielleicht eine Fortsetzung des Lebens winkt, wenn wir uns wie Tiefkühlerbsen einfrieren lassen und später einmal wiederbelebt werden. Da noch nicht raus ist, ob die Wissenschaft der Zukunft das jemals können wird, ist dies eine ähnlich ungewisse Lösung wie der Himmelfahrtstrick in der Bibel.

Sobald wir uns mit dem Tod auseinandersetzen müssen, zeigen neue Beerdigungsrituale unser postmodernes Verständnis vom Abnippeln: Wie im Leben, so soll es auch danach möglichst spielerisch weitergehen. Im Begräbnisshop um die Ecke stehen deswegen stylische Urnen für die Latte-Macchiato-Gesellschaft, als Erdbeere getarnt oder mit einer kleinen Leuchtstoffröhre in Form des Wortes »Karma« auf dem Deckel. Unserer Naturliebe tun wir Genüge, indem wir uns im Friedwald verbuddeln oder auf See verklappen lassen.

Egal wie wir unsere sterblichen Überreste verpacken und entsorgen lassen – die gloriose Idee von einem ewigen Leben im Himmel, bei dem man alle alten Verwandten und Bekannten wiedertrifft, ist natürlich immer noch unerreicht. Es sei denn, Sie können sich vorstellen, statt auf der himmlischen Wolke in der virtuellen Cloud weiterzuexistieren. Trauer.de oder *Stayalive – Portal für digitale Unsterblichkeit* sind virtuelle Friedhöfe, letzteren hat *Focus*-Chefredakteur Helmut Markwort gegründet. »Bleiben Sie mit Verstorbenen in Verbindung«, wird auf der Website geworben. »Setzen Sie Ihr eigenes Denkmal.« Die Seite ist eine Gedenkseite für Tote, auf der man Fotos, Erinnerungen, Lieblingsrezepte und Botschaften für die Nachwelt hinterlassen kann. Die digitale Grabstätte kann man sich schon zu Lebzeiten einrichten. Als tot wird man dann registriert, wenn man nicht mehr auf SMS reagiert. Und dann heißt es weiterleben, denn das Netz vergisst uns nie – wenn wir das nicht wollen.

Für alle, die lieber ganz ausgelöscht werden möchten: In den USA gibt es bereits Menschen, die ihre Dienste als digitaler Bestatter anbieten und unsere Spuren im Netz tilgen. Was für Unsinn Sie dann auch immer bei Facebook, StudiVZ und Myspace verzapft haben, Sie werden beim Eintritt in die Ewigkeit geläutert.

> *»Es hat Antworten auf alle Fragen,*
> *es beschäftigt eine Heerschar ehrenamtlicher Jünger,*
> *und es verspricht das ewige Leben:*
> *Das Internet ist Gott.«*
> PHILIP BETHGE, KULTURSPIEGEL

Viele dieser Ersatzreligionen sind natürlich Unsinn, andere übertünchen die Suche nach dem Sinn bloß – das haben Sie sich sicher auch schon gedacht. Natürlich kann man einzelne Merkmale religiöser Bewegungen auch an Gegenwartsphänomenen entdecken. Konsum- und Karrierereligion, Filme, Stars und Kryotechnologie haben allerdings den Schönheitsfehler, dass die großen und kleinen Glücksmomente im Shoppingrausch oder beim nächsten Karrieresprung nur diejenigen erleben können, die Glück und Talent mitbringen, eine gute Schulbildung genossen haben oder sich von Hugh Hefner scheiden lassen. Denn wer kein Geld hat, um sich schöne Dinge zu kaufen, oder wer den Überstundenwettbewerb einfach nicht mitmachen will, weil ihm die Zeit mit seiner Familie wichtiger ist, steht schnell außerhalb des Wertesystems.

Darüber hinaus beharren Geistliche und Gurus nicht ganz zu Unrecht darauf, dass alle Genüsse hohl sind, wenn sie das Fundament vermissen lassen. In einem solchen schönen neuen Religionsersatz fehlen am Ende Moral, Werte und soziales Engagement – mit denen die Kirche wirbt. Aber ist die säkulare Gesellschaft wirklich so arm dran, wie uns die Kirche gern glauben machen möchte, indem sie ihre Rolle als soziales Allheilmittel postuliert?

»Ich verwahre mich vehement gegen den lächerlichen Vorwurf, man könne seinen Kindern die entscheidenden Grundwerte und den Sinn des Lebens nicht vermitteln, wenn man nicht Mitglied einer Kirche, eines Tempels, einer Synagoge oder eines Aschrams wäre. Ich habe größte Ehrfurcht vor dem Wunder des Lebens, und ich würde mich als zutiefst moralischen Menschen bezeichnen.«
MERYL STREEP

»Im Leben geht es um Liebe und Erkenntnis«, sagt der Philosoph Michael Schmidt-Salomon. Er macht dafür in seinem *Manifest des evolutionären Humanismus* »zehn Angebote«, die den Zehn Geboten des Christentums gegenüberstehen und zu denen unter anderem die folgenden Vorschläge gehören: fair zu anderen zu sein, nicht zu lügen und zu betrügen, offen für Kritik zu sein, die Dinge zu ergründen, bevor man sie verurteilt, das Leben zu genießen und es in den Dienst einer größeren Sache stellen, um die Erde zu einem lebenswerteren Ort zu machen. Der Humanismus ist eine Weltanschauung, die auf die Philosophie der Antike zurückgreift und für Toleranz, Mitgefühl und Gewaltfreiheit eintritt. Wichtig ist das Glück und Wohlergehen der Gesellschaft und des Einzelnen, dessen Würde und Persönlichkeit respektiert werden sollen. Ganz oben auf der Liste stehen daher Bildung, Freiheit und Selbstentfaltung.

Schmidt-Salomon sieht im Humanismus eine »moderne Leitkultur«. Liebe und Erkenntnis, weltliche Genüsse oder Hobbys, Freundschaft oder ein sozialer oder humanistischer Zweck, für den man sich einsetzt – viele Dinge zusammen können unserem Leben Halt und Richtung geben und uns durchs Leben lotsen, selbst wenn wir die Kirche hinter uns lassen. Dabei bräuchten wir stramme Ethik und rigide kirchliche Vorgaben wirklich nicht, wenn wir einsähen, dass wir von solch einem Humanismus letztendlich alle profitieren. Wie der Wissenschaftsjournalist Stefan Klein schreibt, ist es gut für uns, Gutes zu tun. Es hilft uns, als Individuum und als Gesellschaft weiterzukommen. In *Der Sinn des Gebens* schildert Klein, dass Menschen glücklicher sind, die etwas verschenken und es nicht selbst behalten. »In Wirklichkeit«, sagt er dort, »funktioniert kein menschliches Zusammenleben ohne Selbstlosigkeit, und in Zukunft wird Altruismus sogar noch wichtiger werden. Wir können es uns schlicht nicht mehr leisten, an dieser Ressource Raubbau zu betreiben.« Für Klein ist der Schlüssel zum Glück der Menschheit, dass wir uns bewusst machen, wie abhängig wir voneinander sind. »Je mehr Menschen einander brauchen – und sich ihre Bedürfnisse eingestehen –, umso eher sind sie zum Teilen und zur gegenseitigen Hilfe bereit.«

Zu diesen Bedürfnissen gehört es nun mal auch, geliebt zu werden. »Für mich stellen Liebe und Mitgefühl eine allgemeine, eine universelle Religion dar«, bekannte beispielsweise Tendzin Gyatsho, besser bekannt als der vierzehnte Dalai Lama. »Man braucht dafür keine Tempel und keine Kirche, ja nicht einmal unbedingt einen Glauben, wenn man einfach nur versucht, ein menschliches Wesen zu sein mit einem warmen Herzen und einem Lächeln, das genügt.« Und selbst im schnöden Kapitalismus kamen Menschen von alleine auf moralische Ideen. »Wenn du zu den glücklichsten ein Prozent der Menschheit gehörst, schuldest du es dem Rest der Menschheit, dir Gedanken über die anderen neunundneunzig Prozent zu machen«, so schon Finanzmogul Warren Buffett, der sich selbst als Agnostiker bezeichnet. Dass man sich auch ohne kirchlichen Hintergrund sozial engagieren kann, zeigen Organisationen wie Amnesty International, Ärzte ohne Grenzen, Help – Hilfe zur Selbsthilfe e.V., Greenpeace oder Rotary International, die sich, ohne konfessionell gebunden zu sein, für den guten Zweck einsetzen. Auch der Schauspieler Karlheinz Böhm gründete sein Hilfswerk Menschen für Menschen nicht aus religiöser Motivation heraus. »Wenn ich Ihnen sagen müsste, an was ich glaube«, so Böhm, »dann würde ich Ihnen zur Antwort geben: Schauen Sie doch meine Arbeit an!«

Im Grunde ist jeder nicht-gläubige Mensch, der sich aus einem Ideal heraus für die Menschheit einsetzt, ein Beweis dafür, dass man Religion nicht unbedingt braucht, um Gutes zu tun. Im Gegenteil: »Einige der kooperativsten modernen Gesellschaften sind auch die weltlichsten«, so Ara Norenzayan von der Universität von British Columbia. »Menschen haben andere Wege gefunden, kooperativ zu sein – auch ohne Gott.«

Wir haben die Wahl: Wählen wir aus Bequemlichkeit ein eingeführtes Produkt – oder hinterfragen wir unsere Überzeugungen, bevor wir an sie glauben?

»Das Leben hat keinen Sinn, außer dem, den wir ihm geben«, meinte Thornton Wilder. Dieser Sinn muss nicht von einer göttlichen Schöpfung ausgehen, sondern wir können ihn selbst erschaffen. »Der Mensch ist nichts anderes, als wozu er sich macht«, schrieb Jean-Paul Sartre. Dieser Grundgedanke des Existenzialismus bedeutet, dass wir frei sind, unser Leben zu gestalten und Entscheidungen zu treffen, dass wir aber auch die Verantwortung für jede unserer Taten tragen. In der heutigen Zeit kann das bedeuten, dass wir unser Leben selbst mit Sinn füllen, indem wir uns für einen bestimmten Lebensentwurf entscheiden. Mein Job, mein Haus, mein Auto, meine Familie, könnte so einer sein. Die Welt zu umsegeln, sich gegen Castortransporte an Gleise zu ketten oder sich ausschließlich von Fallobst zu ernähren sind andere. Und das Tolle: Vieles ist frei miteinander kombinierbar. Wir können selbst entscheiden, wovon wir träumen und wonach wir unseren Alltag ausrichten.

Glauben Sie also, was Sie wollen: Der Sinn kann ein spiritueller sein, aber genauso gut kann er aus einer anderen

Quelle kommen. Woher auch immer er stammt – er sollte bei kritischen Nachfragen nur nicht in sich zusammenfallen wie eine Hüpfburg, aus der die Luft abgelassen wird. Denn wer sich einfach nur eines Gedankengebäudes bedient, weil es schon so alt ist, dass wir uns das kaum mehr vorstellen können, dem sei der alte Sinnspruch des Schriftstellers Anatole France anempfohlen, der da lautet »Wenn 50 Millionen Menschen etwas Dummes sagen, bleibt es trotzdem eine Dummheit.«

FAZIT.
GEHET HIN IN FRIEDEN!

Wären wir ohne Religion wirklich besser dran? Möglicherweise. Auf jeden Fall aber kann unsere Gesellschaft auf die organisierten Religionen in Form von Kirchen als Sittenwächter und Geldeintreiber verzichten – so lautet die Antwort, wenn man Herbert Steffen befragt, den Gründer der religionskritischen Giordano Bruno Stiftung. Gottesfrömmelei, Bibeltreue und verquaste Moralvorstellungen passen für ihn nicht mehr in die heutige Zeit. Dabei war der Mann bis zu seinem dreißigsten Lebensjahr tiefgläubiger Katholik und als Laie in der Kirche aktiv. Wie konnte es zu einer solchen Wende in seinem Leben kommen?

Steffen ist das widerfahren, was viele Christen und Kirchenmitglieder erleben, wenn sie das Fundament ihrer Religion etwas kritischer unter die Lupe nehmen: Sie können nicht mehr glauben, was sie da sehen, hören und lesen.

Die ersten Zweifel an der Redlichkeit der Kirche kamen ihm, als ihn seine Region in den Diözesanrat nach Trier entsendete. Dort wollte er sich darum kümmern, dass die Finanzen des Bistums auf solidem Boden stehen. »Der vom Bistum vorgelegte Haushalt kam mir erstaunlich niedrig vor«, erinnert sich Steffen. Er erkundigte sich beim anwesenden Generalvikar, ob das alles sei. Der erklärte, mehr gäbe der Diözesanhaushalt nicht her. Der Bischof selbst sagte, die Mitglieder des Diözesanrates hätten nur über den Bistumshaushalt zu befinden – der Haushalt des Bischöflichen Stuhls hingegen sei allein seine Sache und die seiner engsten Vertrauten. Steffens Argwohn war geweckt: Wenn es ums Geld geht, kommt man auch mit gutem Glauben nicht weit.

Wenig später fuhr er mit einer Reisegruppe nach Jerusalem und hatte dort ein weiteres fragwürdiges Erlebnis. Beim Besuch des »Abendmahlsaals« warfen sich die Gläubigen auf den Boden und sangen, mit Tränen in den Augen »Beim letzten Abendmahle«. »Ein Zweifel an der Echtheit des Ortes oder gar an dem Dogma, dass Jesus Wein und Brot in sein Fleisch und Blut verwandelt habe, war bei keinem dieser Ergriffenen erkennbar«, sagt Herbert Steffen.

Am nächsten Tag besuchte dieselbe Reisegruppe die Al-Aqsa-Moschee auf dem Tempelberg. Die muslimische Reiseführerin erklärte, dass Mohamed auf einem Pferd durch die geöffnete Kuppel der Moschee in den Himmel aufgefahren sei. Die Pilgergruppe brach daraufhin in schallendes Gelächter aus.

»Emotional war das der Moment, in dem ich mich innerlich vom Mythos Christentum löste«, so Steffen heute.

Bei seiner Heimkehr begann er religionskritische Schriften zu lesen, die auf dem Index der römisch-katholischen Kirche standen und die er zuvor nicht einmal mit der Kneifzange angefasst hätte. Sie brachten ihn zur Überzeugung, dass das ganze Lehrgebäude der christlichen Religion auf Wüstensand gebaut war und jeder begreifbaren Grundlage entbehrte. Steffen trat aus der Kirche aus. Das Thema Kirche war damit für ihn erledigt. Erst Jahre später, als er ein Buch des Kirchenkritikers Karlheinz Deschner gelesen habe, sei in ihm eine Wut entstanden über eine Seite des Christentums, von der er vorher nichts gewusst hatte: die vielen Verbrechen und das unendliche Leid, das glühende Verfechter des Christentums in unsere Welt gebracht haben.

»Auf einmal war mir das nicht mehr egal – ich musste etwas tun«, erklärt Steffen seinen Entschluss, mit dem Philosophen Michael Schmidt-Salomon die Giordano Bruno Stiftung zu gründen, die sich für eine Leitkultur des Humanismus und der Aufklärung engagiert und für das »friedliche und gleichberechtigte Zusammenleben der Menschen im Diesseits« eintritt. Ihr Ziel: den Nicht-Gläubigen in der Öffentlichkeit eine Stimme zu geben. Großen Teilen der Generation Gottlos geht es genauso wie Herbert Steffen: Wir fragen uns, wozu wir Religion und eine Institution, die sie in Form gießt, überhaupt noch brauchen. Denn der Glaube – und damit die Basis, der Kirche und Religion ihre Existenz verdanken – ist heutzutage eine immer schwierigere Sache. Schulbildung und Wissenschaft knabbern an seiner Substanz, und vielen fehlt inzwischen das religiöse Grundwissen darüber, was sie eigentlich im Detail alles glauben sollen. Unsere Kultur ist zwar vom Christentum geprägt, da es seit langer Zeit in unseren Breitengraden in Betrieb ist – echte Ahnung von seinen Inhalten und Glaubensgrundsätzen haben aber nur noch die wenigsten Deutschen.

Außerdem gibt es ja interessantere Dinge, mit denen man seine Zeit verbringen kann. Für diejenigen, die sich ihr Leben nicht durch Gott erklären, kann das, was viele Gläubige auf einen allmächtigen Schöpfer zurückführen – der Nachwuchs auf dem Arm, ein blühender Garten oder ein schöner Wagen in der Garage – an sich als sinnliches, begreifbares Glück schon mehr wert sein als das Versprechen eines eventuellen Nachlebens im Paradies. Unsere aufgeklärte Halbbildung, eine relaxte Melange aus Naturwissenschaften, alltagstauglicher Philosophie, Nachrichtenmeldungen und Populärkultur, wird ständig mit den neusten Erkenntnissen upgedated und orientiert sich eher an einer Fülle von Fakten statt an spirituellen Höhenflügen. Eine Religion, die ihre Daseinsberechtigung auf einem zweitausend Jahre alten Buch gründet, das voller Widersprüche ist und von einem Autorenpool teils ungeklärter Herkunft geschrieben wurde, hat es bei einer solchen Zielgruppe doppelt schwer. Zumal die Zahl der Skeptiker wächst und unter anderem mit erstaunlichen Umfrage-Ergebnissen aufwartet, wie dem, dass Atheisten mehr Spaß am Sex haben, weil sie ihr Begehren unbelasteter ausleben können.

So ist das Christentum auf dem Grabbeltisch der Religionen gelandet. Was für viele Menschen bleibt, ist immer noch die Frage nach dem Halt und Sinn im Leben. Bei dem Gedanken, dass wir vielleicht nur durch Zufall hier sind, haben wohl viele von uns schon einmal leichtes Unbehagen verspürt. Und auch die Vorstellung, dass gar kein tieferer Sinn hinter der Welt und unserem Dasein steckt und wir irgendwann wieder in dem Nichts verschwinden, aus dem wir gekommen sind, ist für viele ähnlich beruhigend wie die Nebelbank mit Zombies in Carpenters Horrorklassiker *The Fog*. Sind wir vielleicht doch nicht wichtiger als eine Amöbe oder ein Wellensittich?

Der Glaube an eine höhere Macht ist für viele angesichts dieser Unwägbarkeiten noch immer unverzichtbar – als suchten wir nach einem unsichtbaren Freund, der uns über Krisen und Zweifel hinweghilft. »Im Flugzeug gibt es während starker Turbulenzen keine Atheisten«, sagte schon Robert Lembke. Empirisch ist das nicht nachzuweisen, aber Lembkes

Worte drücken aus, dass der Gedanke an einen Gott, der alle Verantwortung übernimmt und das Schicksal beeinflusst, damit uns nichts Böses geschieht, in ausweglosen Situationen häufiger vorkommt als im stinknormalen Alltag. Viele überfällt diese Fragestellung tatsächlich erst in Grenzbereichen des Lebens wie Geburt, Tod und Krankheit. Natürlich muss jeder nach seiner Fasson glücklich werden – seinen Glauben kann man niemandem absprechen. Er kann genauso glücklich machen wie ein Abend mit der großen Liebe auf der Terrasse einer Finca mit Meerblick, der Moment, in dem man den Abteilungsmuffel zum Lachen zu bringt, oder das Wohlgefühl, sich für die Rettung einer aussterbenden Spezies eingesetzt zu haben.

Wie auch immer sich Ihr persönliches überirdisches oder weltliches Glück gestaltet – in einem sind sich die meisten Menschen, mit denen wir gesprochen und von denen wir gelesen und gehört haben, allerdings einig: Glaube, Religion und Kirche sind keine Dreifaltigkeit. Man kann auch ohne Kirchenclubmitgliedschaft an Jesus und seine Geschichte glauben. Genauso ist nicht jeder, der in der Kirche ist und die sonntägliche Predigt in sich aufsaugt, ein gläubiger oder »guter« Mensch. »Wir haben Freiheit nicht wegen, sondern trotz Religion erlangt«, meint auch Comedian Bernhard Hoëcker, der sich als »klassischer Atheist« bezeichnet. »Man muss natürlich unterscheiden zwischen der persönlichen Religiosität, aus der viele Menschen Kraft gewinnen, und den Religionsgemeinschaften als Institutionen, die meinen, ihren Mitgliedern moralische Vorgaben machen zu müssen.«

Ist Religion an sich also nun gut oder schlecht? Ehrlich gesagt: beides. Mit der Religion ist es wie mit einem scharfen

Messer. Man kann es benutzen, um Möhrchen zu schnippeln, man kann damit aber auch eine alte Omi abmurksen. Denn Religion handelt nicht selbst, sondern es sind die Menschen, die in ihrem Namen handeln. Man kann niemandem absprechen, an etwas zu glauben. Wenn er im Überschwang dieses Gefühls Gutes tut, umso besser. Dass Menschen aus ihrem Glauben heraus auch schon sehr viel Schlechtes getan haben, legt allerdings die Vermutung nahe, dass die Auswirkungen von Religion weniger vom Glauben an sich abhängen, als von demjenigen, der glaubt. Glaube ist ein Verstärker, für gutes wie für schlechtes Handeln. Es kommt deshalb auf den verantwortlichen Umgang mit ihm an.

Wer also behauptet, dass man die Kirche oder die Religion oder den Glauben in der Gesellschaft bräuchte, um moralisch und ethisch »richtig« handeln zu können, der muss sich damit abfinden, dass es genügend Beispiele gibt, in denen Menschen mit stark religiös geprägtem Hintergrund großen moralischen Mist gebaut haben, und ebenso viele Fälle von Menschen, die ohne gläubig zu sein Gutes bewegt haben. Menschen wie Herbert Steffen oder Karlheinz Böhm setzen sich für die gute Sache ein, auch ohne frommen Antrieb. Denn wir können etwas verändern, mit oder ohne Gott. Wir können als Aktivistin leben wie Hanna Poddig, die ihr Essen aus den Mülltonnen der Supermärkte holt, um sich gegen den Konsumwahn aufzulehnen, wir können per Twitter totalitäre Regimes stürzen, Rainer Langhans aus dem Dschungelcamp rauswählen, Mauern zu Fall bringen, für bessere Lebensbedingungen aller Menschen eintreten oder dem Obdachlosen vor unserer Stammkneipe ein belegtes

Brot bringen. Stéphane Hessel schreibt in seinem Bestseller *Empört euch!*, warum wir das tun sollten: »Verantwortung des Einzelnen ohne Rückhalt, ohne Gott. Im Gegenteil: Engagement allein aus der Verantwortung des Einzelnen.« Es bedarf also keiner göttlichen Gebote für den Erhalt der Schöpfung. Und wenn wir uns gegen Missstände auflehnen und für eine freiheitliche, soziale Gesellschaft und einen verantwortungsvollen Umgang mit unserer Welt eintreten, dann ist das zu unserem eigenen Besten: Wir wollen in dieser Welt leben, unsere Kinder wollen es und deren Kinder ebenso wie ihre Enkel und Urenkel. Auf eine gewisse Art ist es gesunder Egoismus, was uns voranbringt.

Was bleibt, ist der persönliche Sinn des Ganzen. Die Suche danach kann einem niemand abnehmen, Sie sollten sich diese aber auch nicht von anderen nehmen lassen. Wer aus Bequemlichkeit ein Fertighaus des Glaubens wählt, stellt oft fest, dass hinterher ein Zimmer zu wenig darin ist oder die Wände schon einstürzen, wenn der Heilige Geist oder der Wind der Aufklärung dagegenpustet. Bevor wir einziehen, sollten wir es vom Speicher bis zum Keller überprüfen. Legen Sie daher auf, wenn jemand in Gottes Namen anruft, der Ihnen weismachen will, der Sinn des Lebens, die Heilung Ihrer Gebrechen und der Weg in den Himmel seien lediglich eine Frage großzügiger Geldspenden. Und misstrauen Sie prinzipiell erst mal jedem, der behauptet, die einzige Wahrheit würde zwischen zwei Buchdeckeln stecken – alle Bücher sind schließlich von Menschen verfasst worden. Und der Mensch ist nicht nur die größte Fehlerquelle auf diesem Planeten, sondern er hat oft eigennützige Gründe.

»Habe Mut, dich deines eigenen Verstandes zu bedienen.«
IMMANUEL KANT

In Zeiten einer Vielfalt von Weltanschauungen ist Religion nur eine von vielen Spielarten. Es gibt viele Möglichkeiten, die Welt und den Lauf der Dinge zu erklären, und in diesem Zug müssen wir auch in Betracht ziehen, dass da oben vielleicht überhaupt niemand ist.

Den Wert des Lebens können wir auch erkennen, wenn wir uns als Menschen nicht so wichtig nehmen und nicht davon ausgehen, dass einer für uns einen besonderen Plan hegt. Und so kann gerade die Annahme einer gottlosen Gegenwart uns zum Nachdenken darüber anregen, wie wir unser Leben sinnvoll gestalten und mit unserer Welt umgehen. Die hätte es nämlich dringend nötig, dass wir endlich aufhören, über die Existenz oder Nichtexistenz eines unsichtbaren Wesens zu streiten und unsere Aufmerksamkeit den Brennpunkten der Erde widmen.

Wenn Gott nämlich nicht kommt und den Klimawandel stoppt, die Welt von Hunger, Krieg und AIDS befreit oder das Artensterben beendet, dann stehen wir bald ganz schön doof da. Die Gefahr besteht, dass wir im stillen Gebet und im Glauben an den göttlichen Plan hinter allen Dingen den Zeitpunkt verpassen, an dem wir das Ruder noch herumreißen können.

Ob es Gott gibt oder nicht, kann keiner von uns mit Sicherheit sagen. Sicher ist aber: Bis jetzt hat Er die Welt noch nicht gerettet, und die Wahrscheinlichkeit, dass Er sich in den nächsten Jahren endlich dazu durchringt, ist nicht sehr hoch.

Wenn wir für einen Moment auf den Gedanken von Transzendenz verzichten, können wir einige Gewissheiten festhalten: Wir sind nur für eine begrenzte Zeit auf diesem kartoffelförmigen Planeten, der irgendwo in den unendlichen Weiten des Universums herumeiert. Wir werden alle sterben. So weit, so Binsenweisheit. Da keiner weiß, was danach kommt, sollten wir es uns und anderen während unserer Lebenszeit so gut gehen lassen wie nur irgend möglich. Denken wir also weniger über das nach, was möglicherweise die Erbschuld des Menschen sein könnte, und freuen uns an dem, was wir haben – zum Wohle aller. Wir sollten davon ausgehen, dass das Leben umso kostbarer ist, gerade weil wir eben nicht wissen, warum es eigentlich existiert. Es ist einfach da.

Ich glaube nicht, dass es einen Sinn des Lebens gibt,
der über das hinausgeht, was Menschen
sich selber als Sinn setzen können.
Das kann ein humanitärer sein,
das kann ein Aufklärungsgedanke sein.
ROGER WILLEMSEN

Wer also gerne an einen allmächtigen Gott glauben möchte, der kann das tun, selbstverständlich auch als Kirchenmitglied. »Das Christentum kann Gläubigen viel schenken, Transzendenz, Trost, Ekstase, Seelentiefe. Es kann herrlich sein – als Privatsache. Als solche gehört es im besten Sinne zu Deutschland«, schreibt Dirk Kurbjuweit. Anders ausgedrückt: Wer mag, soll glauben, es aber selbst finanzieren, genau wie jedes andere erfüllende Hobby. Das heißt: Kirche und Staat sollten weder finanziell noch sonst wie verbandelt sein, vor allem, wenn eine immer größere Zahl der Bundesbürger zunehmend ohnehin nicht mehr in traditionell christlicher Manier glaubt.

Ob Sie persönlich mit oder ohne Religion besser dran sind, das müssen Sie selbst herausfinden. Seien Sie so frei. Schließlich haben wir alle (vielleicht) nur das eine Leben. Wer weiß das schon so genau.

Antweiler, Christoph/Lammers, Christoph/Thies, Nicole (Hg.):
Die unerschöpfte Theorie. Evolution und Kreationismus in Wissenschaft und Gesellschaft, Aschaffenburg: Alibri 2008.

Beck, Ulrich: *Der eigene Gott. Von der Friedensfähigkeit und dem Gewaltpotential der Religionen*, Frankfurt am Main/ Leipzig: Verlag der Weltreligionen 2008.

Becker, Jürgen: *Ja, was glauben Sie denn? Ein Religions-TÜV*, Köln: KiWi 2007.

Benedikt XVI.: *Licht der Welt: Der Papst, die Kirche und die Zeichen der Zeit. Ein Gespräch mit Peter Seewald*, Freiburg: Verlag Herder 2010.

Benjamin, Walter: *Kapitalismus als Religion* (Fragment, 1921).

Berger, David: *Der heilige Schein. Als schwuler Theologe in der katholischen Kirche*, Berlin: Ullstein 2010.

Bethge, Philip: »Unser täglich Netz«, Spiegel 7/2010, S. 13-15.

Bork, Uwe: *Komische Heilige. Sonderbares aus der Welt der Religionen*, München: Piper 2010.

Bruhns, Annette: »Wo weht der Heilige Geist?«, in: Spiegel Special 9/2006, S. 40-43.

Buggle, Franz: *Denn sie wissen nicht, was sie glauben oder Warum man redlicherweise nicht mehr Christ sein kann. Eine Streitschrift*, Reinbek bei Hamburg: Rowohlt 1992.

Dawkins, Richard/Deschner, Karlheinz/Schmidt-Salomon, Michael/ Wuketits, Franz M.: *Vom Virus des Glaubens*. Deschner-Preis, Mastershausen: Schriftenreihe der Giordano-Bruno-Stiftung 2007.

Dawkins, Richard: *Der blinde Uhrmacher. Warum die Evolution der Beweis für ein Universum ohne Design ist*, München: dtv 2008.

Dawkins, Richard: *Der Gotteswahn,* Berlin: Ullstein Taschenbuch 2008.

De Rosa, Peter: *Gottes erste Diener. Die dunkle Seite des Papsttums,* München: Heyne 1989.

Dennett, Daniel C.: *Den Bann brechen. Religion als natürliches Phänomen,* Frankfurt am Main/Leipzig: Verlag der Welt der Religionen 2008.

Deschner, Karlheinz (Hg.): *Warum ich aus der Kirche ausgetreten bin,* Reinbek bei Hamburg: Kindler Paperback 1970.

Deschner, Karlheinz: *Abermals krähte der Hahn. Eine kritische Kirchengeschichte,* München: btb 1996.

Deschner, Karlheinz: *Der gefälschte Glaube. Eine kritische Betrachtung kirchlicher Lehren und ihrer historischen Hintergründe,* München: Knesebeck Verlag 2004.

Deschner, Karlheinz: *Kriminalgeschichte des Christentums, Band 9,* Reinbek bei Hamburg: Rowohlt Taschenbuch 2008.

Dettmer, Markus/Shafy, Samiha/Tietz, Janko: »Volk der Erschöpften«, in: Spiegel 4/2011, S. 114-122.

Dreyer, Martin: *Die Volxbibel, Teil 1,* München: Pattloch 2009.

Eagleton, Terry: *Der Sinn des Lebens,* Berlin: List Taschenbuch 2010.

Edlinger, Karl/Weiss, Walter: *(Un)intelligent Design. Warum Gott die Welt nicht schöpfen konnte,* Klosterneuburg, Österreich: Edition Va Bene 2010.

Ehlers, Fiona: »Himmelsfahrten mit Benedikt«, in: Spiegel 45/2010, S. 126.

Ehrmann, Bart D.: *Abgeschrieben, falsch zitiert und missverstanden. Wie die Bibel wurde, was sie ist,* Gütersloh: Gütersloher Verlagshaus 2008.

Fabri, Friedrich: *Staat und Kirche: Betrachtungen zur Lage Deutschlands in der Gegenwart,* Cambridge, Massachusetts: Harvard University Press 2007.

Finkelstein, Istrael/Silberman, Neil A.: *Keine Posaunen vor Jericho. Die archäologische Wahrheit über die Bibel,* München: dtv 2004.

Forum Demokratischer Atheistinnen (Hrsg.): *Mission Klassenzimmer. Zum Einfluss von Religion und Esoterik auf Bildung und Erziehung,* Aschaffenburg: Alibri 2005.

Franke, Klaus: »Die Rückkehr des Glaubens«, in: Spiegel 52/2000, S. 112-116.

Frerk, Carsten: *Violettbuch Kirchenfinanzen. Wie der Staat die Kirchen finanziert*, Aschaffenburg: Alibri 2010.

Frerk, Carsten: *Finanzen und Vermögen der Kirchen in Deutschland*, Aschaffenburg: Alibri 2002.

Geoghegan, Jeffrey/Homan, Michael: *Die Bibel für Dummies*, Weinheim: WILEY-VCH 2006.

Gerwin, Hanno: *Was Deutschlands Prominente glauben. Gespräche mit Alice Schwarzer, Rufus Beck, Franziska van Almsick, Dieter Hildebrandt, Wolf von Lojewski, Hella von Sinnen, Sir Peter Ustinov und vielen anderen*, München: Goldmann 2006.

Gott (Hg.): *Die Bibel* (in verschiedenen Ausgaben)

Greiner, Ulrich: »Gott ist gnädiger als der Mensch«, in: Die Zeit 17/2011, S. 55.

Grolle, Johann: »Hotline zum Himmel«, in: Spiegel Special 04/2003, S. 42-46.

Harris, Sam: *Brief an ein christliches Land. Eine Abrechnung mit dem religiösen Fundamentalismus*, München: C. Bertelsmann 2008.

Harris, Sam: *Das Ende des Glaubens. Religion, Terror und das Licht der Vernunft*, Winterthur, Schweiz: Edition Spuren 2007.

Hawking, Stephen: *Der große Entwurf. Eine neue Erklärung des Universums*, Reinbek bei Hamburg: Rowohlt 2010.

Henkel, Peter: *Ach, der Himmel ist leer. Lauter gute Gründe gegen Gott und Glauben*, Berlin: Frieling & Huffmann 2009.

Herman, Eva: »Sex- und Drogenorgie Loveparade: Zahlreiche Tote bei Sodom und Gomorrha in Duisburg«, www.kopp-verlag.de vom 25.07.2010.

Hessel, Stéphane: *Empört euch!*, Berlin: Ullstein Taschenbuch 2011.

Hitchens, Christopher: *Der Herr ist kein Hirte. Wie Religion die Welt vergiftet*, München: Heyne 2009.

Hoerster, Norbert: *Die Frage nach Gott*, München: Beck 2005.

Horn, Andreas/Wohlgemuth, Christoph/Nollau, Albrecht:
»Woran Christen (noch) glauben«, Die Zeit, 17/2011, S. 54-56.

Jacobs, A.J.: *Die Bibel und ich. Von einem, der auszog, das Buch der Bücher wörtlich zu nehmen*, Berlin: List Taschenbuch 2009.

Junker, Reinhard/Scherer, Siegfried: *Evolution. Ein kritisches Lehrbuch*, Gießen: Weyel 2006.

Kaiser, Mario/Kneip, Ansbert/Smoltczyk, Alexander:
»Das Kreuz mit den Deutschen«, in: Spiegel 33/2005, S. 136-151.

Kallinger, Eva: »›Land der dritten Welt‹«, in: Focus 37/2010, S. 150.

Kissler, Alexander: »Eiapopeia statt Credo«, in: Focus 44/2010, S. 82.

Klein, Stefan: *Alles Zufall. Die Kraft, die unser Leben bestimmt*, Reinbek bei Hamburg: Rowohlt Taschenbuch 2004.

Klein, Stefan: *Der Sinn des Gebens. Warum Selbstlosigkeit in der Evolution siegt und wir mit Egoismus nicht weiterkommen*, Frankfurt am Main: S. Fischer 2010.

Klein, Stefan: *Die Tagebücher der Schöpfung. Vom Urknall zum geklonten Menschen*, München: dtv 2000.

Klein, Stefan: *Wir alle sind Sternenstaub. Gespräche mit Wissenschaftlern über die Rätsel unserer Existenz*, Frankfurt am Main: Fischer Taschenbuch 2010.

Kunz, Martin: »Schau mir in die Aura«, in: Focus 45/2002, S. 114-122.

Kurbjuweit, Dirk: »Gott ist nicht Politiker«, in: Spiegel 14/2011, S. 122-124.

Lambrecht, Oda/Baars, Christian: *Mission Gottesreich. Fundamentalistische Christen in Deutschland*, Berlin: Ch. Links 2009.

Lane Fox, Robin: *Die Geheimnisse der Bibel richtig entschlüsselt. Legende und Wahrheit in der Bibel*, Augsburg: Bechtermünz 2000.

Langbein, Walter-Jörg: *Lexikon der biblischen Irrtümer. Von A wie Auferstehung Christi bis Z wie Zeugen Jehovas*, Berlin: Aufbau Taschenbuch 2007.

Lehnert, Uwe: *Warum ich kein Christ sein will. Mein Weg vom christlichen Glauben zu einer naturalistisch-humanistischen Weltanschauung*, Berlin: Teia Lehrbuch Verlag 2009.

Lorenz, Fiona: *Wozu brauche ich einen Gott? Gespräche mit Abtrünnigen und Ungläubigen*, Reinbek bei Hamburg: Rowohlt Taschenbuch 2009.

Lüdemann, Gerd: *Der erfundene Jesus. Unechte Jesusworte im Neuen Testament. Ein Lesebuch*, Springe: ZuKlampen 2008.

Lührs, Christian: *Gut sein ohne Gott. Ethik und Weltanschauung für Kinder und andere aufgeklärte Menschen*, Frankfurt am Main: August von Goethe Literaturverlag 2007.

Lütz, Manfred: »Wir brauchen eine Reform des Christentums!«, in: Chrismon, 31.10.2010, S. 34f.

Mackie, John Leslie: *Das Wunder des Theismus: Argumente für und gegen die Existenz Gottes*, Ditzingen: Reclam 1985.

Marx, Reinhard: *Das Kapital. Ein Plädoyer für den Menschen*, München: Knaur 2010.

McGowan, Kathleen: *Vater unser. Deine Schatzkarte zu Gott*, Bergisch Gladbach: Lübbe 2010.

Mohr, Bärbel: *Bestellungen beim Universum. Ein Handbuch zur Wunscherfüllung*, Aachen: Omega 1998.

Müller, Martin U./Tuma, Thomas: »Weltreligion Shoppen«, in: Spiegel 50/2010, S. 56-65.

Mutter Teresa: *Komm, sei mein Licht. Die geheimen Aufzeichnungen der Heiligen von Kalkutta*, München: Knaur 2010.

Nürnberger, Christian: *Jesus für Zweifler*, Gütersloh: Gütersloher Verlagshaus 2007.

Nuzzi, Gianluigi: *Vatikan AG. Ein Geheimarchiv enthüllt die Wahrheit über die Finanz- und Politskandale der Kirche*, Salzburg, Österreich: Ecowin Verlag 2010.

Onfray, Michel: *Wir brauchen keinen Gott. Warum man jetzt Atheist sein muss*, München: Piper Verlag 2006.

Püttmann, Andreas: *Gesellschaft ohne Gott. Risiken und Nebenwirkungen der Entchristlichung Deutschlands*, Asslar: Gerth Medien 2010.

Ranke-Heinemann, Uta: *Nein und Amen. Mein Abschied vom traditionellen Christentum*, München: Heyne 2002.

Raubold, Susanne: *Wir glauben. Gespräche mit Prominenten über Gott im Alltag*, Berlin: Eb-Verlag 2004.

Russell, Bertrand: »Gibt es einen Gott?« (Vortrag aus dem Jahr 1952), The Campaign for Philosophical Freedom 2011.

Russell, Bertrand: *Warum ich kein Christ bin – über Religion, Moral und Humanität. Von der Unfreiheit der Christenmen- schen*, Reinbek bei Hamburg: Rowohlt 1968.

Sagan, Carl: *Der Drache in meiner Garage oder Die Kunst der Wissenschaft, Unsinn zu entlarven*, München: Droemer/Knaur 1997.

Saltzwedel, Johannes: »Zweifel an der Seelendrogerie«, in: Spiegel Special 9/2996, S. 122-125.

Schauen, Ulli: *Das Kirchenhasser-Brevier. Ein verlorener Sohn rechnet ab*, München: Heyne 2010.

Schmidt-Salomon, Michael: *Jenseits von Gut und Böse. Warum wir ohne Moral die besseren Menschen sind*, München: Pendo 2009.

Schmidt-Salomon, Michael: *Manifest des Evolutionären Humanismus. Plädoyer für eine zeitgemäße Leitkultur*, Aschaffenburg: Alibri 2006.

Schnabel, Ulrich: *Die Vermessung des Glaubens. Forscher ergründen, wie der Glaube entsteht und warum er Berge versetzt*, München: Pantheon 2010.

Schreiber, Mathias/Schulz, Matthias: »Das Testament der Sektierer«, in: Spiegel 16/2009, S. 110-121.

Schulz, Matthias: »Der leere Thron«, in: Spiegel 52/2002, S. 136-147.

Schulz, Matthias: »Der göttliche Bote«, in: Spiegel 13/2008, S. 142-153.

Schulz, Matthias/Zand, Bernhard: »Strafgericht am Bosporus«, in: Spiegel 50/2000, S. 266-279.

Schulz, Paul: *Ist Gott eine mathematische Formel? Ein Pastor im Glaubens- prozess seiner Kirche*, Reinbek bei Hamburg: Rowohlt Taschenbuch 1979.

Seewald, Peter: *Jesus Christus. Die Biographie*, München: Pattloch: 2009.

Smoltczyk, Alexander: »Der Kreuzzug der Gottlosen«,
in: Spiegel 22/2007, S. 56-69.

Swinburne, Richard: *Gibt es einen Gott?*, Heusenstamm bei Frankfurt: Ontos 2006.

Terwitte, Bruder Paulus: *Das Leben findet heute statt. Ein Anschlag auf die
Vertröstungsgesellschaft*, Reinbek bei Hamburg: Rowohlt Taschenbuch 2010.

Thiede, Roger: »Die ersten Christen«, in: Focus 52/2008, S. 74-84.

Tiger, Lionel/McGuire, Michael: *God's Brain*, New York: Prometheus Books 2010.

Urban, Martin: *Die Bibel. Eine Biografie*, Berlin: Galiani 2009.

Vilar, Esther: *Die Schrecken des Paradieses. Wie lebenswert wäre das ewige
Leben?*, überarbeitete Neuauflage, Aschaffenburg: Alibri 2009.

von Sternburg, Judith: »Beten, bluten, bibbern«,
in: Berliner Zeitung, 17.05.2010, S. 28.

Walsch, Neale Donald: *Gespräche mit Gott. Band 1. Ein ungewöhnlicher Dialog*,
München: Goldmann Arkana 1997.

Weber, Christian: »Der Gottesinstinkt«, in: Focus 52/2006, S. 68-74.

Wolf, Abtprimas Notker: *Aus heiterem Himmel. Gott segne Sie! Meine Einfälle
für das Leben hier unten*, Reinbek bei Hamburg: Rowohlt Taschenbuch 2010.

Wolf, Abtprimas Notker: *Worauf warten wir? Ketzerische Gedanken
zu Deutschland*, Reinbek bei Hamburg: Rowohlt 2006.

Young, William Paul: *Die Hütte. Ein Wochenende mit Gott*, Berlin: Allegria 2009.

Ehre sei den Herren und Damen, die dieses Buches mit auf die Welt gebracht haben: Allen unseren Kollegen im Verlag und im Außendienst
bei Bastei Lübbe, die stets mit uns waren. Ein großes Dankeschön an
Stefan Lübbe, den allmächtigen Verleger, und Steffen Haselbach, der als
Verlagsleiter Sachbuch Bekenntnis über unser Buch vor ihm abgelegt hat.
Heftigsten Dank an Anne Stadler, die als Lektorin mit großer Umsicht,
trockenem Humor und Sachkenntnis Autoren und Text betreut hat, außerdem
an Iris Gehrmann, Christiane Genius, Gerke Haffner, Susanne Haffner,
Dr. Stefanie Heinen, Daniela Jarzynka, Dr. Claudia Müller und Anke Stock-
dreher für wertvolle Anregungen sowie an Helmut Feller und Kpt. Jürgen
Jacobs für hilfreiche Tipps. Dank an Dr. Katharina Theml für die Textredaktion,
Rolf Woschei, Guido Klütsch und Harald Oehlerking für Satz, Layout und
Illustration und an Olivier Favre für die Fotos.

Ganz herzlicher Dank geht an unsere freundlichen und kundigen Inter-
viewpartner: Bernhard Hoëcker, Pfarrer i. R. Christian Führer, Dr. Friedrich
Schorlemmer, Dr. Stefan Klein, Christian Lührs, Weihbischof Dr. Bernhard
Haßlberger, Weihbischof Dr. Dr. Anton Lohsinger, Regens Dr. Franz Joseph
Baur, Florian Haider, Mario Haberl, Frère Wolfgang und Frère Richard von
der Communauté de Taizé, Abtprimas Notker Wolf, Dr. Reinhard Hempel-
mann von der Evangelischen Zentrale für Weltanschauungsfragen, Michael
Schmidt und das Motoki-Kollektiv, Ilona Schwiermann, Dr. Reinhard Jun-
ker, Silvia Häse, Herbert Steffen, Dr. Michael Schmidt-Salomon, Dr. Carsten
Frerk, Philipp Möller und Dr. Thomas Junker von der Giordano Bruno Stiftung,
Rainer Ponitka und René Hartmann vom IBKA, Felix Thiessen, Christian Weis-
ner, Dr. Christel Darmstadt und Magnus Lux von »Wir sind Kirche«, Martin
C. Hünerhoff, Dagmar Begemann und Hendrik Stoppel von den Jesus Freaks
Deutschland, Martin Dreyer, Nathanael Liminski, Sabine Beschmann, Ulf
Plessentin und Thomas Zenk von der FU Berlin, PD Dr. Joachim Heise vom
Berliner Institut für vergleichende Staat-Kirche-Forschung, Dr. Sven Oelsner,
Björn Mastiaux, Pfarrer Rainer-Maria Schießler, Prof. Dr. Thomas Schirrma-
cher, Ron Kubsch, Daniel Dangendorf und Studierende des Martin-Bucer-
Seminars.

Anne und Stefan grüßen außerdem Familie und Freunde – insbesondere Annes Nichte, die sich vor Lachen fast verschluckte, als sie zum ersten Mal das Wort »Hosianna« hörte – sowie den Panda und seinen Schöpfer. Stefan dankt dem kleinen und großen Gottschlich für viel Geduld mit einem ungenießbaren Autor.

Die Autoren glauben an Freizeit, frohe Laune, daran, dass Blumen eine Ansprache brauchen, dass Fremdenhass doof ist und Atomkraft grundsätzlich der falsche Weg, dass Süßigkeiten schlecht für die Zähne sind und dass es im Meer viel unerforschtes, aber faszinierendes Leben gibt. Wir danken nicht: dem Erfinder des 24-Stunden-Tags. Der hätte ruhig noch ein paar Stunden drauflegen können.